Urszula
DUDZIAK

WYŚPIEWAM WAM WSZYSTKO

W każdej apteczce pierwszej pomocy
powinno być poczucie humoru.

Wydawca:
Kayax Production & Publishing
ul. Obrońców 2b, 03-933 Warszawa
Tel. +48 22 617 11 37
Faks: +48 22 617 11 37 wew. 113

Sklep internetowy:
www.kayax.net/sklep

Menadżer artystki i producent projektu:
Sylwia Słowatycka / Kayax
+48 608 69 49 49 / sylwia@kayax.net

Oficjalna strona artystki
www.urszuladudziak.pl
www.facebook.com/dudziakurszula
www.wyspiewamwamwszystko.pl

Wyłączny dystrybutor:
Firma Księgarska Olesiejuk Spółka
z ograniczoną odpowiedzialnością S.K.A.
ul. Poznańska 91, 05-850 Ożarów Mazowiecki
tel. +48 22 721 30 11, fax +48 22 721 30 01
www.olesiejuk.pl / e-mail: biuro@olesiejuk.pl

Redakcja: Remigiusz Grzela
Korekta: Jacek Świąder

Projekt okładki, ilustracje: Tomasz Sadurski
www.tomeksadurski.com

Projekt graficzny, skład i łamanie:
Dominika Jagiełło
www.dominikajagiello.pl

Konsultacje graficzne składu: Maciej Cecotka
www.havanagraphic.pl

Zdjęcie na okładce: Krzysztof Opaliński
www.krzysztofopalinski.com

make up: Ewa Gil
włosy: Karina Wacławik
stylizacja: Marta Chomentowska

Zdjęcia i materiały w książce:
archiwum rodzinne Urszuli Dudziak

Druk i Oprawa:
Drukarnia PERFEKT S.A.

Wydanie I

ISBN: 978-83-927811-2-7

Urszula
DUDZIAK

WYŚPIEWAM WAM WSZYSTKO

Intro

Siedzę w łóżku, w hotelu Rodan w Krzykach koło Kórnika, pod Poznaniem. Grałam w moim ulubionym świątecznym turnieju tenisowym i teraz sobie odpoczywam. Przed chwilą skończyłam sześćdziesiąt osiem lat i mówię głośno i wyraźnie, że jestem w najważniejszym, a może i najpiękniejszym okresie mojego życia.

Dzieci są dorosłe, cieszę się z tego, jakie są. Kocham to, co robię, jestem ciągle zajęta i mam ogromny zasób energii. Czuję wokół siebie dużo dobrych, życzliwych spojrzeń, słyszę wiele ciepłych słów. Czasem ktoś mówi, że odmieniłam jego życie. Dużo podróżuję, ale najczęściej mieszkam w Warszawie. Mam wygodne mieszkanie tuż obok mojej ukochanej restauracji Delikatesy Esencja przytulonej do Teatru Rozmaitości. Przed oknami mam wielkie drzewa, które odgradzają mnie od zgiełku Marszałkowskiej i radośnie machają do mnie gałęziami, kiedy jest wietrznie. Po trzydziestoletnim pobycie w Nowym Jorku Warszawa jest innym światem, ale to jest mój świat.

Czytałam ostatnio w „Wysokich Obcasach" rozmowę z dziewięćdziesięcioletnią panią Alicją Gawlikowską- -Świerczyńską. Ta wspaniała kobieta, która przeżyła obóz w Ravensbrück, na pytanie dziennikarza Dariusza Zaborka, czy myśli o śmierci, odpowiedziała: „Jakoś muszę umrzeć, ale na razie traktuję to nierealistycznie. Bo przecież mam dopiero dziewięćdziesiąt lat. Proszę pana, połowa chorób jest w głowie. Wiele w życiu zależy od nas samych, od nastawienia, od sposobu odnalezienia się. Niech mi pan wierzy. W miarę upływu lat jestem

coraz zdrowsza. Lekarz, który robił mi echo serca, mówi:
Ale piękne młode serce".

Kocham Panią, Pani Alicjo!!!

Moja była menedżerka Joasia powiedziała kiedyś: „Ula, jak
patrzę na ciebie, to sobie wyobrażam, jak wwożę ciebie stuletnią
na scenę na wózku i krzyczę ci do ucha: Ula, drzyj się, drzyj!".
Jeszcze nie mam setki, a drę się jak cholera, ile mi sił starczy.
Chciałabym mieć te swoje sześćdziesiąt osiem lat przez co
najmniej lat dziesięć, a potem włączyłabym wsteczny bieg. A teraz
otwieram szeroko drzwi i zapraszam do siebie, w podróż po moim
dotychczasowym życiu. Pretekstem do tych opowieści są piosenki,
które mi towarzyszyły i towarzyszą. Obok nich umieściłam
nazwiska moich ulubionych wykonawców wybranych utworów
i to one uruchamiają we mnie wspomnienia, nie chronologia.
Zapisałam te opowieści tak, jak lubię, jakbym mówiła. I mówię
dalej. Sposób, w jaki napisałam tę książkę, nie zamyka opowieści
o mnie, przeciwnie, pozwala mi rozkręcić się w przyszłości. Już
teraz, kiedy książka jest praktycznie przygotowana do druku,
mam stos notatek do następnych opowiadań.

Kto wie, może w następnej książce napiszę, że mając
siedemdziesiątkę, zakochałam się do nieprzytomności.

Kiedy zagalopuję się i mówię, że mam siedemdziesiątkę na
karku, moja siostra Danusia oburza się i szybko mnie koryguje:
„Ula, ty masz dopiero sześćdziesiąt osiem!".

Again
Ella Fitzgerald

Jedną z pierwszych piosenek jazzowych, jakie śpiewałam, była amerykańska ballada „Again". Ten utwór ma tak piękną melodię, że zapamiętałam go w okamgnieniu, nie rozumiejąc tekstu. To tak jak zakochać się w mężczyźnie, o którym nic się nie wie. Nie znałam wtedy angielskiego i śpiewałam ją z polskim tekstem, a jedno tytułowe słowo „Again" pozostało. Czyli brzmiało to tak:

Again
dzisiaj odchodzę od ciebie, niech gwiazdy lśniące na niebie
Prowadzą nas bez słów
Again
tak dzisiaj chce przeznaczenie, że chwile, które minęły
Nie wrócą nigdy już...

Byłam pewna, że słowo „Again" to nic innego jak amerykańskie imię męskie. Wynikało to ewidentnie z tekstu. Planowałam wtedy, że jak będę miała rodzinę i urodzę syna, dam mu na imię Again. Wyobrażacie sobie imię i nazwisko: Again Urbaniak?! Na szczęście mam dwie córki.

1962 rok, Zielona Góra. Klasa maturalna.
Czy ja naprawdę kiedyś tak wyglądałam? Nie do wiary!

● 1961 rok. Konkurs „Mikrofon dla wszystkich".
Zawsze mnie ktoś pchał, odkrywał, chwalił.
Ja słuchałam, dziwiłam się i śpiewałam dalej.

MIKROFON
dla wszystkich

Śpiewać potrafi każdy. Najlepiej śpiewamy podczas golenia lub kąpieli w łazience. Każdy jest wtedy Wojnickim czy E. Kitt. Akustyczne pomieszczenie potęguje siłę głosu, a fałsze giną w przepastnych rurach wodociągowych. Ale talenty trudno jest wykryć. Rozsypane wśród bardziej lub mniej muzykalnych, zagubione gdzieś na głuchej prowincji, nie docenione w małym gronie rodziny czy znajomych, nie miały dotychczas możliwości ujawnienia się. Dopiero Polskie Radio, poszukując stale nowych, zdolnych piosenkarzy, postanowiło oddać mikrofon każdemu, kto ma szczerą i nieprzymuszoną wolę, a przy tym tak zwaną iskrę, żeby mógł się zaprodukować przed publicznością, oswoić się z dużym audytorium i — jeśli wykaże odpowiednie kwalifikacje głosowe i muzyczne — wejść w szeregi piosenkarzy radiowych. Raz w miesiącu „dwaj panowie w okularach" — Bogdan Zalewski i Jan Święć — prowadzą w sali Młodzieżowego Domu Kultury w Warszawie audycję z piosenkarzami-amatorami, którym akompaniuje sam Czerny ze swoją orkiestrą. Zjeżdżają się miłośnicy śpiewu i piosenki z całej Polski, by stanąć przed mikrofonem i chociaż im nogi drżą, a głos się łamie, próbują swoich sił i zdolności. Efekty już są. Oto Urszula Popiel z Tarnowa śpiewa już w rozgłośni krakowskiej. Młodziutka Urszula Dudziak z Zielonej Góry zachwyciła interpretacją i doskonałym słuchem publiczność zebraną w sali MDK. Miejscowa rozgłośnia nawiąże z nią kontakt. Poszukuje się obok piosenkarzy również zdolnych muzyków, recytatorów, konferansjerów. Organizatorzy ... ... na wszystkim, by drogą selekcji można było wyłowić ludzi uzdolnionych. Mikrofon otwarty — śpiewajmy!   **J. Baranowski**

ZJAWISKA MUZYCZNE rodzą się na naszej ziemi. To zjawisko o którym pragnę wspomnieć ma osiemnaście lat, jest uczennicą XI klasy Liceum Ogólnokształcącego przy ul. Chopina w Zielonej Górze i nazywa się Urszula Dudziakówna. Zgłosiła się pewnego dnia do zespołu „Zastalu" prosząc o przyjęcie w poczet młodych artystów. Zaśpiewała piosenkę i... została przyjęta. Po trzech próbach i po nagraniu na taśmie w celu sprawdzenia radiofoniczności głosu zielonogórska Rozgłośnia Polskiego Radia wystąpiła z prośbą do rodziców młodej piosenkarki i kierownictwa szkoły o zezwolenie na przedstawienie Urszuli publiczności warszawskiej i mecenasom młodych talentów na imprezie pod nazwą „Mikrofon dla wszystkich". Co było potem, wiedzą ci wszyscy, którzy słuchali tej właśnie audycji nadanej w programie Warszawy I. Urszula Dudziakówna zrobiła furorę. Do burzy braw dodajmy jeszcze jedno brawo za to, że tak dzielnie odpędzała sforę różnego kalibru impresariów, proponujących jej już następnego dnia występ za... 750 zł. Odpowiadała wszystkim: najpierw matura. Po tym wydarzeniu obiecał zainteresować się naszą gwiazdą dyrektor muzyki rozrywkowej Polskiego Radia Władysław Szpilman. Do tego czasu Dudziakówna pozostawać będzie pod artystyczną opieką Rozgłośni w Zielonej Górze.

Ja od siebie dodam tylko, żebyłem bardzo mile zaskoczony słuchając jej głosu i interpretacji. Duża kultura, ciekawa indywidualność i świeży urok. Chciałbym w przyszłości — i wierzę w to — o niej jeszcze pisać.

MELOMAN

Orient Express

Jean-Michel Jarre

Artysta musi podróżować. Nie wszyscy artyści to lubią, ale bez tras, wyjazdów nie istniejemy. Każdy wyjazd z Polski był okupiony wielkim wysiłkiem. Walka o paszport, później wizy, których czasem potrzebowaliśmy kilkanaście. Do Nowego Jorku wyjechaliśmy na paszporcie polskim. Po jakimś czasie dostaliśmy paszport konsularny. Żeby legalnie koncertować w Stanach, musieliśmy mieć tak zwaną zieloną kartę, a na wyjazd ze Stanów, na przykład do Europy, był potrzebny tak zwany biały paszport, który upoważniał do powrotnego wjazdu do Stanów i był opieczętowany wieloma wizami. Były też specjalne utrudnienia dla posiadaczy takich paszportów, na przykład żeby dostać włoską wizę, powiedzmy na dwa tygodnie, trzeba było wpłacić tysiąc osiemset dolarów kaucji. W razie przekroczenia daty wyjazdu z Włoch kaucja przepadała i o następnej wizie w przyszłości należało zapomnieć.

La Gare du Nord, dworzec kolejowy w Paryżu, 1984 rok. Michał – mój ówczesny mąż – i ja przylecieliśmy z Nowego Jorku do Europy z naszymi córkami, małą czteroletnią Kasią i dwuipółletnią Miką. Przed nami kilkutygodniowa trasa koncertowa. Czekamy na Orient Express, którym mamy dojechać z Paryża do Monachium, gdzie zaczynało się nasze tournée. W pewnym momencie orientuję się, że skradziono mi etui z wszystkimi dokumentami i gotówką. Panika. Przeczesujemy pobliskie kosze na śmieci. Może złodziej podprowadził kasę, a dokumenty wyrzucił? Nie ma śladu.

● Lata 70. W podróży po Europie Ula i Michał Urbaniak.
*Graliśmy, gdzie się dało. Wszędzie wypadało
i się nie krępowało.*

1973 rok, Chateauvallon, Francja. ●
Od lewej: Michał Urbaniak, Ula i Wojtek Karolak.
Ale przystojniacy!!! A ja? Też fajna.

Biegniemy na policję, gdzie spisują raport. Nocujemy
w pobliskim hotelu. Następnego dnia nerwowa wizyta
w ambasadzie amerykańskiej. Michał składa przysięgę, że ja to
ja i że ja to jego prawowita żona. Ambasador radzi, żebym jak
najprędzej wróciła do Nowego Jorku, wyrobiła nowy paszport
i odzyskała kilka wiz, które miano mi wbić po raz drugi do tak
zwanego Re-entry Permit, czyli białego paszportu emigracyjnego.
Łatwo powiedzieć – przecież następnego dnia mamy zagrać
pierwszy koncert w Monachium!

Decydujemy się na partyzantkę. Michał z dziećmi przemyci
mnie przez granicę z Francji do Niemiec. Kupujemy bilety
pierwszej klasy na nocny pociąg Orient Express, żeby mieć
cały przedział dla siebie. Mała nieuwaga konduktora i nie trzy,
ale cztery osoby pakują się do przedziału. Ja na samej górze,
przyblokowana Kasią, która obiecała siedzieć cicho i udawać, że
mamy nie ma. Pociąg rusza. Po kilku godzinach zbliżamy się do
granicy. Z przedziału obok słyszymy: „Passport bitte". Wiem, że
czeka mnie areszt, jeśli ktoś zorientuje się, że jadę nielegalnie.
Tak musieli się czuć w czasie wojny zagrożeni partyzanci –
pomyślałam, trzęsąc się jak osika. Do przedziału weszło dwóch
niemieckich policjantów z latarkami, zapytali Michała, z kim
podróżuje, sprawdzili trzy paszporty i poszli dalej. Udało się!!!
Co za ulga!

Zagraliśmy kilka koncertów w Niemczech i przed
przekroczeniem następnej granicy musiałam polecieć do Nowego
Jorku po paszport i wizy. Dzień przed wylotem graliśmy koncert
we Frankfurcie. Po koncercie siedzieliśmy z grupką fanów,
opowiadając naszą historię z Orient Expressu, zastanawiając się,
jak wytłumaczyć oficerowi przy kontroli paszportów na lotnisku
we Frankfurcie moją obecność w Niemczech. Przecież paszport
ukradziono mi w Paryżu. Jeden z fanów zaproponował pomoc.

Okazało się, że pracował na lotnisku we Frankfurcie. Obiecał przysiąc, że to on jechał samochodem z Francji do Niemiec, ja spałam z tyłu i nie sprawdzano moich dokumentów. Znowu się udało. Wyrobienie nowego paszportu i odzyskanie wiz trwało kilka dni, trasa została uratowana.

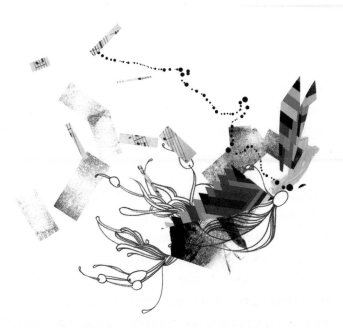

Take the „A" Train
Duke Ellington

Ten znakomity standard jazzowy skomponowany przez Duke'a Ellingtona był sygnałem audycji „Voice of America Jazz Hour" nadawanej z Waszyngtonu przez Willisa Conovera dla fanów jazzu zza żelaznej kurtyny przez długi czas od lat pięćdziesiątych. Piękny, superseksowny głos Willisa wstydliwie rozpalał moją wyobraźnię. „Voice of America" rozumiałam jako „Boys of America". Czyli chłopcy od małego do dużego grają w Ameryce jazz. Co to za kraj? Prawdziwy raj! – kontemplowałam zachwycona. Conover był naszą wyrocznią, gwiazdą przewodnią, guru, mistrzem świata. Dla nas, fanów jazzu, grał najpiękniejszą muzykę na świecie. Sygnał audycji: „Take the »A« Train" Duke'a Ellingtona, do dziś przywołuje piękne wspomnienia. Ze starszym bratem Leszkiem siedzieliśmy przy odbiorniku co wieczór zasłuchani po uszy.

Pewnego dnia pojawił się w naszym domu japoński magnetofon. Tatuś pożyczył go z pracy. Trzymałam w ręku mały mikrofon i nagrywałam to, co leciało z głośnika, jednocześnie nagrywając własny wokal. Zamykałam oczy. Stałam na dużej scenie z tyłu big-band Count Basiego, przede mną mikrofon i pełna sala zasłuchanych fanów. Gdzie? Nie wiem. Wtedy jeszcze nie śmiałam marzyć o Ameryce. Naśladowałam Ellę Fitzgerald. Śpiewałam po angielsku, nie znając języka. Później próbowałam rozszyfrować tę moją angielszczyznę i wydawało mi się, że po trzydziestoletnim pobycie w Nowym Jorku i z niezłą już znajomością angielskiego nie będzie to trudne. Miałam zapisane fonetycznie: „I liwisi, newer egein egein, hous hył ai em he lof begen, helowe hylzyn lof begen łizju". Nie dałam rady i niech już tak zostanie.

1956 rok, Zielona Góra. Przed domem.
*Wyglądam jak aniołek, a w ręce trzymam czekoladę,
którą przed chwilą podprowadziłam mojej
młodszej siostrze Danusi.*

1957 rok, Międzyzdroje.
Ula, mama, tatuś,
młodsza siostra Danusia i znajoma.

Mijają lata i jestem z Michałem w nowojorskim mieszkaniu Willisa Conovera. Siadamy do kolacji przygotowanej przez jego żonę Shirley. Obok mnie siedzi wspaniały aranżer i kompozytor Gil Evans ze swoją żoną Anitą. Willis chwali płytę „Newborn Light", którą nagraliśmy w duecie z Adasiem Makowiczem, a która została uznana za wybitną przez prestiżowy magazyn „Down Beat" i nagrodzona maksymalnymi pięcioma gwiazdkami. Po chwili Willis oznajmia, że w najbliższej swojej audycji „Voice of America Jazz Hour" zaprezentuje ją w całości dla fanów jazzu. Stał się cud! Marzenie się spełniło! A to był dopiero pierwszy etap mojej wielkiej amerykańskiej przygody z muzyką.

1960 rok, Zielona Góra. Szkoła średnia. ●
Strzelam z procy. Dodaję sobie mocy. A potrzebuję,
bo mam same dwóje.

Wyśpiewam Wam Wszytko

You've Changed
Sarah Vaughan

Przepiękna ballada, najpiękniej zaśpiewana przez jedną z moich niedoścignionych mistrzyń, Sarah Vaughan. Mimo że od lat eksperymentuję głosem i po macoszemu traktuję słowa, tę balladę śpiewam do dzisiaj i chyba już tak zostanie. Lata temu w Nowym Jorku, śpiewając w klubie Zanzibar, zauważyłam wśród publiczności moją kochaną duchową siostrę Anię Bogusz-Horowitz. Był to dzień jej urodzin. Szybko rzuciłam zespołowi: gramy „You've Changed"! Podeszłam do mikrofonu i z wielkim zaangażowaniem zadedykowałam następny utwór Ani. Słowa tej ballady w moim luźnym tłumaczeniu:

1981 rok, Nowy Jork.
Ania Bogusz-Horowitz i ja.
Kobiety do kochania.

You've changed – zmieniłaś się
The sparkle in your eyes is gone – nie masz już błysku w oczach
Your smile is just a careless yawn – twój uśmiech przypomina bezmyślne ziewanie
You're breaking my heart – łamiesz mi serce
You've changed – zmieniłaś się

   Już po kilku słowach zorientowałam się, że to nie jest „happy birthday song". Składałam jej życzenia po angielsku i wszyscy obecni byli zdziwieni, na pewno zastanawiali się, co jest grane. Czy to chytry podstęp, dowalenie koleżance, czy przykład skrajnego roztargnienia, grzechu nieuwagi? Ania była tym faktem rozbawiona, za co jej do dziś dziękuję.

Nie jest źle
Krzysztof Komeda i Agnieszka Osiecka

Zielona Góra, lata sześćdziesiąte, jestem w dziesiątej klasie, zbliża się koniec roku szkolnego. Do Teatru Ziemi Lubuskiej przyjeżdża Teatrzyk Tingel Tangel. Aktorzy Stasiu Młynarczyk, Krysia Sienkiewicz, Sława Przybylska i zespół jazzowy, czyli trio Krzysztofa Komedy. Po spektaklu wszyscy idą na kolację do restauracji Piastowska. Tam z kolei przygrywa do tańca miejscowy zespół pianisty Mietka Puzickiego. Już wtedy podobno mówiono, że ta Ulka ze szkoły przy Chopina fajnie śpiewa jazz. Mietek podszedł do Krzysia siedzącego przy stoliku i zarekomendował mnie, namawiając, żeby tę Ulkę przesłuchał. Krzysiu, nie chcąc być nieuprzejmy, zgodził się. Wiadomość dotarła do mnie następnego dnia podczas przerwy lekcyjnej.

W szkole udałam ból zęba i w te pędy w granatowym szkolnym mundurku z białym kołnierzykiem poleciałam do Piastowskiej. Przy pianinie siedział Krzysiu, obok stała jego żona Zosia. „Co chcesz zaśpiewać?" – zapytał. Wymieniłam moje trzy ulubione standardy z repertuaru Elli Fitzgerald: „Stompin' At The Savoy", „Goody Goody" i „A Foggy Day". Zaśpiewałam wszystkie. Chwila ciszy... Krzysiu powoli podniósł głowę znad klawiatury i zapytał: „Jakie masz plany na wakacje?". Zaniemówiłam. „Przyjedź do Warszawy i zaśpiewaj z moim zespołem w piwnicy jazzowej Pod Hybrydami" – dodał. W ogóle nie pamiętam, co powiedziałam. Wiem jedno – byłam najszczęśliwszą osobą na świecie. Pamiętam, że Zosia Komedowa chciała porozmawiać z moją mamą i poszła ze mną do domu przy Dąbrowskiego. Zapewniała, że w Warszawie się mną zaopiekuje i że jestem w dobrych rękach.

Kilka tygodni później siedziałam w pociągu do Warszawy.
Jechał ze mną mój brat Leszek. Przed nami cały dzień podróży.
W torbie kanapki z domowym smalcem, jabłka złota reneta
z naszego ogrodu i termos z herbatą z sokiem malinowym. Pociąg
ruszył, a Leszek: „Po co ja z tobą jadę? Eskorta czy co?". Nie
wiedziałam, co odpowiedzieć, ale czułam się raźniej. Na miejscu
zamieszkałam u Komedów, na Mokotowie. Zosia zajęła się moim
wizerunkiem, a perkusista z zespołu, Andrzej „Synek" Zieliński
– moim repertuarem. U fryzjera w Bristolu obcięto mi włosy na
krótko, czyli z Beethovena przeobraziłam się w modną wtedy
aktorkę Jean Seberg z fryzurą simonką. Zosia wytłumaczyła mi,
że mam szwabskie imię
i przegrane nazwisko.
Musimy to zmienić,
żeby lepiej brzmiało
i łatwiej się wymawiało za
granicą – przekonywała.
W gablocie ogłoszeniowej
Hybryd wisiał więc plakat:
„Debiut wielkiej nadziei
polskiej wokalistyki
jazzowej: Dorota Cedro".
Po kilku dniach Zosia
oświadczyła, że wybór
nazwiska i imienia jest
nietrafiony. Dowiedziała
się, że należy do słynnej
już wtedy pływaczki.

1961 rok, Warszawa,
W piwnicy Pod Hybrydami.
*Podświadomie przygotowuję się
do robienia w przyszłości za gwiazdę.*

fot. Jerzy Płoński

Wymyśliła nazwisko May, a imię pozostało Urszula. Za kilka dni kolejna zmiana. Zosia pod presją znajomych zdecydowała, że jednak zostanę Urszulą Dudziak.

W dniu mojego debiutu przysłuchiwali się moim popisom: ceniony i znany z ostrego dowcipu Andrzej Kurylewicz ze słynną Wandą Warską, Roman Waschko – propagator jazzu i dziennikarz, oraz awangardowy literat w ciemnych okularach Leopold Tyrmand. A na scenie ja. Siedemnastolatka z gigantyczną tremą prezentująca tak zwane kozie vibrato, czyli paniczne drżenie głosu. Zosia podpytała „gniewnych", co o mnie sądzą. Jedną tylko opinię zapamiętałam. Podobno Wanda Warska powiedziała: „Jest infantylna, ale nie jest źle".

Mija kilka lat i ląduję w Warszawie w Studiu Nagraniowym Polskiego Radia przy Myśliwieckiej, w reżyserce siedzi Krzysiu Komeda, ja wpatrzona w niego nagrywam jego utwór „Nie jest źle" z tekstem Agnieszki Osieckiej. Przepiękny aranż napisał mój przyszły mąż Michał Urbaniak. Śpiewając, obserwuję Krzysia. W pewnym momencie zawieszam głos na wysokim C, otulając go łagodnym vibrato. Krzysiu zdumiony i wyraźnie zachwycony wstaje z krzesła i bije mi brawo. Po skończeniu nagrania mówi cicho i dobitnie: „Jesteś niesamowita, a ten twój wysoki głos przepiękny". Od tego czasu polubiłam mój sopran i obnoszę się z nim dumnie do dzisiaj.

1961 rok, Warszawa, piwnica Pod Hybrydami.
Od lewej: Adam Skorupka, Krzysztof Komeda.
Z sufitu wisi nitka, a ja pluję do sitka.

I Don't Remember

Peter Gabriel

Przyjęcie. Podchodzi do mnie pan w średnim wieku. „Ula, pamiętasz mnie?" Wpadam w panikę, bo nie mam pojęcia, kto to jest. Nie, nie pamiętam. „Jak to – ciągnie mój nierozpoznany rozmówca – spędziliśmy noc na Manhattanie". Może dlatego nie pamiętam – odgryzłam się. Zaśmiał się i kontynuował. „Byłem u was, na 58. ulicy, lata siedemdziesiąte, gadaliśmy do rana w waszej kuchni". W końcu się przedstawił – Wiktor Osiatyński. O rany!!! Przecież pamiętam ten wieczór. Byłam zafascynowana tym wspaniałym, mądrym facetem o niezwykłym poczuciu humoru. Miał wtedy bujną ciemną czuprynę i nieźle w czubie, prawdę mówiąc, ja też. Zmieniło się to, że Wiktor od wielu lat jest propagatorem trzeźwości, ja dopiero od czterech. „Nie przejmuj się, Ula. To, co masz, nie jest żadną chorobą, tylko kłopotliwą wadą organizmu. Nazywa się prozopagnozja. Mylą się twarze, nazwiska..." Szybko zapisałam w notesie.

Jakiś czas później jestem w Hiszpanii, w Saragossie, na Expo 2008. Reprezentuję Polskę i śpiewam z Zielonogórskim Jazzowym Big-Bandem. Są też moje córki Kasia i Mika. Opiekowała się nami moja ówczesna menedżerka Grażyna Miśkiewicz. Dojechała też moja kuzynka Susann z Oslo, zawodowa reżyserka i świetna kamerzystka. Przywiozła profesjonalną kamerę i filmowała to, co się działo. Po próbie, a przed koncertem, odpoczywamy w polskim salonie.

Nagle otwierają się drzwi, do pokoju wchodzi prezydent Lech Kaczyński – od razu zauważyłam, że jest w świetnym humorze – a za nim żona Maria i obstawa. Serdecznie się witamy, a ja przedstawiam wszystkich po kolei. Przy przedstawieniu Susann prezydent zachwyconym głosem powiedział: „A ja panią znam". Powtórzył to jeszcze dwa razy, trzymając jej rękę. Odezwałam się: „Panie prezydencie, to niemożliwe". Ale on nalega: „Ja panią znam". „Panie prezydencie, proszę się nie martwić, bo to, co pan ma, to nie jest żadna choroba, to kłopotliwa wada organizmu, prozopagnozja". Pani prezydentowa szepnęła mi do ucha: „Mój mąż ma problem z błędnikiem". Zrobiło mi się głupio. Co ja chrzanię?! Mówiono nieżyczliwie, że nasz prezydent ma alzheimera, problem z alkoholem, a ja mu jeszcze dokładam jakąś prozopagnozję.

Rok później, w Pałacu Prezydenckim w Warszawie, prezydent Kaczyński wręcza mi Krzyż Kawalerski Orderu Odrodzenia Polski. Zastanawiam się, czy zapamiętał, o co posądziłam go w Saragossie. Przy wpinaniu mi orderu do bolerka uśmiechnął się do mnie życzliwie. Odetchnęłam z ulgą.

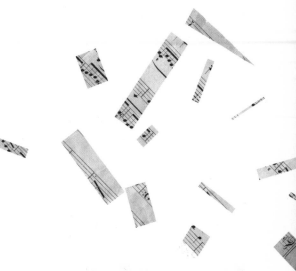

Will You Still Love Me Tomorrow
The Shirelles

Miałam w życiu miłości platoniczne, o których nikt nic nie wiedział (może jedna lub dwie przyjaciółki i moja siostra Danusia). Zresztą bardzo lubiłam być zakochana. Wtedy odżywałam. Pięknie śpiewałam, ślicznie wyglądałam, pisałam wiersze i wymyślałam wyjątkowej urody melodie. Jednym z moich obiektów westchnień był reżyser z Oscarem w kieszeni (za animowany film „Tango") Zbyszek Rybczyński. Miał świetną żonę Wandę i tworzyli wspaniałą parę, czyli sytuacja była dla wszystkich bezpieczna – przez myśl mi nie przeszło, żeby się wychylić i dać jakiś sygnał Zbyszkowi.

Minęło wiele lat, jestem singielką, a smak niespełnionej pasji nie minął. Jestem z zespołem Vocal Summit w Cannes, śpiewamy na festiwalu jazzowym. Mamy próbę i widzę, że w grupie techników obsługujących festiwal jest facet, no klon Rybczyńskiego. Idę na całego, uwodzę go, szepczę do ucha, w jakim hotelu mieszkam i w jakim pokoju. Wracam po koncercie i gadam do siebie: co ja wyprawiam, czy zwariowałam? To nie w moim stylu.

Zawsze się dziwiłam, jak można pójść do łóżka z kimś, kogo się w ogóle nie zna, aż tu sama zainicjowałam tak zwany one night stand. Facet okazał się czułym, troskliwym, dbającym o moją seksualną satysfakcję kochankiem. Wiem, że był Holendrem, ale nie wiem nawet, jak miał na imię. Jeśli już nigdy mi się nie przydarzy taki ekspresowy seks, to one night stand mam zaliczony.

I've Got You Under My Skin

Frank Sinatra

Nasze grania w skandynawskich lokalach w latach sześćdziesiątych były urozmaicane przeróżnymi niespodziankami. Oto jedna z nich. Nasz stały pianista Włodek Gulgowski pokłócił się z kierownikiem zespołu, czyli Michałem Urbaniakiem, i jak małe dziecko spakował zabawki i uciekł. Za dwa dni mieliśmy rozpocząć granie w ekskluzywnym Grand Hotelu, w pięknym norweskim miasteczku Bergen. Sytuacja była dramatyczna. W południe mamy mieć próbę z pianistą znalezionym z ogłoszenia, wieczorem granie. Nagle wchodzi jakiś facet w kapeluszu, radiowej urody. Z przodu dziurawe, popsute zęby, nos zadarty à la Piggy, twarz koloru ziemi, lśniąca od potu, do tego tłusty i niemal łysy. Nieśmiało się przedstawił: Nils Brenstein.

1963 rok, Warszawa. Zdjęcie promocyjne artystów Pagartu (Polskiej Agencji Artystycznej). Od lewej: Ula, Leszek Dudziak (mój brat), Stasiu Zwierzchowski, Adam Makowicz, Michał Urbaniak. *Jesteśmy gotowi do podbicia światowych rynków muzycznych!*

Miał ze sobą organy kiepskiej firmy Lawley. Zaczynamy próbować i okazuje się, że on gra tylko w jednej tonacji, w dodatku fatalnie! Michał z nerwów się rozpłakał i zarządził w panice stan wyjątkowy. Kazał mi siadać do pianina i ratować sytuację. Pokazał mi trzy utwory, żeby od czegoś zacząć. Nils zestresowany siedział z boku, za tymi marnymi organami, i nagle nieśmiało zagadnął: „Michael, I want to sing something" (chciałbym coś zaśpiewać). Michał powiedział do nas: „Jeżeli on tak śpiewa, jak gra, to mamy dramat do kwadratu". Nils powtórzył swoją prośbę kilka razy. W końcu Michał niechętnie się zgodził. „Ale co chcesz zaśpiewać?" – „I've Got You Under My Skin" – odpowiedział Nils. Przysunął mikrofon i zaczął śpiewać, akompaniując sobie na organach. Włosy stanęły mi dęba. Głos jak Sinatra, piękna jazzowa podziałka, czysto, idealnie. Michał zapytał: „A co jeszcze grasz i śpiewasz?". Nils odpowiedział: „Mam w repertuarze kilkaset standardów amerykańskich". Co za ulga.

Kilka dni później nasz szwedzki menedżer Per Norberg przyjechał sprawdzić, jak sprawuje się jego zespół. Nasz skandynawski Sinatra go zachwycił. Michał postanowił pomóc Nilsowi i od tamtej pory uczył go godzinami harmonii i grania w różnych tonacjach. Nils często wykrzykiwał: „O rany, jak to pięknie brzmi!". Był bardzo wdzięcznym uczniem. Rewelacyjnie śpiewał utwory z musicalu „The Sound of Music". Uczył też angielskiego mojego brata Leszka, perkusistę. A angielski znał znakomicie, bo w przeszłości pracował w wojsku jako urzędnik ONZ w Gazie. Po pewnym czasie zwierzył się, że tamtego dnia, kiedy pojawił się ze swoimi organami, przeżył prawdziwy szok, gdy wchodząc na próbę, usłyszał Michała rozgrywającego się na saksofonie. Wtedy ta reszta włosów stanęła mu dęba i chciał uciekać.

1965 rok, Norwegia, Stavanger, Hotel Grand.
Włodek Gulgowski – piano, Michał Urbaniak – soprano sax, Ula,
Leszek Dudziak (brat) – perkusja, Stasiu Zwierzchowski – kontrabas.
Nie tylko graliśmy świetnie, ale również wyglądaliśmy pięknie, czy nie?

Girls Just Wanna Have Fun

Cyndi Lauper

● 1968 rok, Skandynawia.
Od lewej: Andrzej Dąbrowski, Wojtek Karolak,
Michał Urbaniak i z przodu Ula.
Tutaj, tutaj jest kamera, wystaw ryja do pikczera...

W Skandynawii bywały okresy, kiedy pracowaliśmy bardzo ciężko. W sztokholmskiej restauracji Gondolen graliśmy do lunchu, od dwunastej do czternastej, potem do tańca, od dwudziestej do pierwszej w nocy, następnie szybkie pakowanie i transport instrumentów, z bębnami i organami Hammonda włącznie, do klubu Artist na Drottninggatan w centrum miasta. Mieliśmy na to pół godziny. W klubie rozpakowanie instrumentów i granie od pierwszej trzydzieści do czwartej rano. Przychodziło tam supertowarzystwo. Sami artyści, po spektaklach i koncertach. Dołączali świetni muzycy. Odbywały się tam fantastyczne jamy. Przegrywałam fortunę w ruletę, a jeśli coś nam zostawało, to Michał przepił. W ten sposób się dorabialiśmy.

Pewnego wieczoru, a właściwie bliżej rana, do klubu weszły cztery przepiękne dziewczyny. Spekulowaliśmy, czy przypadkiem nie wracały z konkursu Miss Świata. Weszły więc pięknie ubrane, w stylowych sukienkach, na bardzo wysokich szpilkach. Siadły przy stoliku i gestykulując, żywo o czymś rozprawiały. Ściągały na siebie wzrok zaciekawionych facetów i zazdrosnych kobiet. Towarzystwo tańczyło, one nie. Zamawiały drinka za drinkiem, śmiały się głośno, a po każdym naszym utworze entuzjastycznie nas oklaskiwały. A może to dziewczyny z jakiegoś słynnego zespołu? Bez wątpienia znają się na dobrej muzyce. Tak kombinowaliśmy podczas krótkich pauz między utworami. Były wyraźnie rozbawione i nagle wyszły na parkiet. Zaczęły tańczyć. Robiły to rewelacyjnie.

No nie! To zawodowe tancerki! – pomyślałam. Nikt nie miał śmiałości przeszkodzić im na parkiecie. Tańczyły same, a wszyscy byli w nie wpatrzeni. W pewnej chwili stanęły na rękach. Zanim dokończyłam myśl... że to przecież gimnastyczki, nagle spod szerokich spódniczek wynurzyły się wyjątkowej urody okazałe członki. Cała sala wybuchła głośnym śmiechem, a dziewczyny (transwestyci) z gracją ukłoniły się i przeniosły do baru. Mężczyźni byli rozczarowani, a ich kobiety odetchnęły z ulgą.

Secret
Madonna

W drugiej połowie lat sześćdziesiątych do naszego zespołu grającego w Skandynawii dołączyli Wojtek Karolak i Andrzej Dąbrowski. Wojtek cholernie przystojny, świetny muzyk, zawsze oryginalnie ubrany, pachnący, z niezwykłym poczuciem humoru. Po prostu facet z wielką klasą. Byłam zakochana w Michale, ale wiecznie podkochiwałam się w Wojtku, podkreślam, platonicznie i nikt o tym nie wiedział. Tworzyli z Michałem bliźniaczy związek. Razem popijali i razem marzyli o podbiciu Ameryki. To picie nieraz mnie wkurzało.

● 1985 rok, Warszawa. Ula z Wojtkiem Karolakiem. *Pasujemy? Pozujemy? Oj, jak miło! Będzie mi się miło śniło, marzyło...*

Pamiętam, zwierzałam się żonie Wojtka Bożenie, że Michała gorzała trzyma do rana, bo jak się budzę, to ciągnie od niego alkoholem, jakby przed chwilą wychylił setkę. Bożena twierdziła, że ma to samo z Wojtkiem. Później wydało się, że po graniu i garden party, czyli po wieczornej balandze, nasi mężowie chowali przed żonami alkohol w krzakach, umawiali się, że wstaną w nocy, na przykład o czwartej, niby na siku, wypijali flaszkę w ogrodzie i wracali do łóżek, jak gdyby nigdy nic.

Wyśpiewam Wam Wszystko

I Just Called to Say I Love You
Stevie Wonder

Podczas naszego „knajpowego" pobytu w Szwecji zaczęła panować moda na dzwonienie na nitkę. Dwaj polscy inżynierowie mieszkający w Szwecji ukradli całą budkę telefoniczną, przytargali ją do domu i rozebrali na części. Znaleźli sposób oszukiwania automatu. Przyklejało się taśmą klejącą do jednej szwedzkiej korony nitkę długości około trzydziestu centymetrów, wrzucało przyczepioną do nitki monetę do automatu i pociągało nitką, dotykając delikatnie klapki otworu, do którego automatycznie wpadały korony przy braku połączenia. Tym sposobem symulowało się wrzucanie tylu monet, ile było pociągnięć nitką tej jednej monety. To wymagało precyzyjnego wyczucia i synchronizacji pociągania monetową nitką z dotknięciem klapki otworu na monety.

Z czasem w ten sposób prawie wszyscy muzycy dzwonili ze Szwecji do Polski. Czasami komuś urwała się nitka z przyklejoną monetą i cały komplet zostawał uwięziony w środku automatu. Szwedzi o tym wiedzieli, ale widocznie nie opłacało się im wymieniać wszystkich automatów. Z biegiem lat jednak zamontowano nowe budki i skończyły się czasy dzwonienia za jedną koronę.

Oberek

Grażyna Auguścik, Urszula Dudziak

Z początkiem lat siedemdziesiątych wyruszyliśmy z naszym zespołem na Zachód, pograć w europejskich klubach jazzowych. Mój ówczesny mąż Michał Urbaniak (skrzypce i saksofon), Adam Makowicz (keyboardy), Czesław „Mały" Bartkowski (bębny), Paweł Jarzębski (kontrabas), no i ja. Mieliśmy peugeota 404 kombi i przyczepę załadowaną instrumentami. Wzięliśmy namioty, żeby zaoszczędzić na hotelach, często spaliśmy na polach kempingowych. Mieliśmy masę przygód, najczęściej na granicach.

Kiedyś, jadąc z Niemiec do Metz we Francji, na pytanie celnika, kim jesteśmy, odpowiedzieliśmy dumnie: „Zespołem jazzowym", a to skojarzyło mu się z bałaganem, hałasem i narkotykami. Zapytał, czy mamy więcej niż jeden instrument na muzyka. Odpowiedzieliśmy zgodnie z prawdą, że lider zespołu to wybitnie uzdolniony multiinstrumentalista i ma dwie pary skrzypiec, saksofon tenorowy i sopranowy, a pianista ma dwa keyboardy: Fender Rhodes i Clavinet. Okazało się, że każdy muzyk może wwieźć do Francji tylko jeden instrument. Celnicy nas zatrzymali i kazali zapłacić kaucję w wysokości trzydziestu tysięcy franków.

Byliśmy zrozpaczeni. W takich sytuacjach Michaś był nie do pobicia. Dodzwonił się do mera miasta Metz i w ciągu dwóch godzin przyjechał kurier z furą pieniędzy, żeby nas wykupić. W przyszłości na wszelki wypadek wycenialiśmy na deklaracji celnej nasze instrumenty po swojemu, na przykład skrzypce Michała na sto złotych, pianino elektryczne i perkusję na dwieście.

Pamiętam też ciężkie przeprawy z celnikami na granicy niemiecko-szwajcarskiej. Kiedy zobaczyli organy Hammonda, kazali nam zapłacić ogromną kaucję. Wycofaliśmy się z granicy, twierdząc, że zostawiamy organy u przyjaciół w Niemczech, i próbowaliśmy przejechać jakimś innym, bardziej przyjaznym przejściem albo wmawialiśmy celnikom, że jedziemy tranzytem do Austrii.

Michał przestudiował przepisy celne i okazało się, że zespoły folklorystyczne zwolnione są z przepisu pozwalającego mieć jeden instrument na muzyka. Od tego czasu dojeżdżając do granicy, krzyczeliśmy z daleka: „Folklore polonaise!". Przepuszczali nas bez problemu, nie zaglądając do samochodów.

1972 rok, Niemcy. Michał Urbaniak Constellation. Od lewej: Ula, Wojtek Karolak, Adam Makowicz, siedzą: Michał Urbaniak (w czapce), Czesław Bartkowski.
Lubię to zdjęcie. Jesteśmy tacy fajni, niewinni, prawdziwi, gotowi na samo dobro.

Tea for Two
Doris Day

Nasz ślub z Michałem odbył się w polskim konsulacie w Oslo. Po ceremonii zrobiliśmy balangę w hotelu Grand, a ciąg dalszy był u Randi Hultin, znanej norweskiej dziennikarki, wielkiej fanki jazzu. Michał, uciekając przed stresem, dał nieźle w szyję i był wyraźnie znieczulony.

● 23 grudnia 1967 roku, Norwegia, Oslo, Grand Hotel.
Od lewej: Wojtek Karolak, Randi Hultin, para znajomych,
ja z Michałem, przy stole Karin Krog z mężem.
*Ale jazz! Wszyscy na delikatnym rauszu, oprócz jednego delikwenta,
który ledwo się trzyma na nogach ze... strachu.*

Jego matka Irenka na wieść o naszych poważnych zamiarach
straszyła samobójstwem. Płakała zawiedziona, bo jej kochany
Michaś, jedynak, kiedy był mały, obiecał, że się z nią w przyszłości
ożeni. Przyjechała do nas do Trondheim, do Norwegii, z moim
tatusiem, sprawdzić, czy Michasiowi nie dzieje się krzywda. Tatuś
tłumaczył dobitnie, że jej synowi świetnie się powodzi, ponieważ
to ja zarabiam kasę, a Michaś co zarobi, to zaraz przepije.
Przychodzili razem do restauracji, w której graliśmy, i tatuś liczył,
ile razy Michaś leci do kelnera i zamawia rum z coca-colą. Potem
to przeliczył po cenie restauracyjnej – a alkohol w Szwecji w tych
czasach mógł zrujnować niejeden budżet – i z satysfakcją machał
Irence przed nosem swoją wyliczanką. Tatuś triumfował, Irence
rzedła mina.

23 grudnia 1967 roku, Norwegia, Oslo. Ślub cywilny w polskiej ambasadzie.
Od lewej: Wojtek Karolak, pan młody Michał Urbaniak, panna młoda Ula,
Leszek Dudziak, ambasador Łobodycz, Małgosia Dąbrowska, Andrzej Dąbrowski.
Nie wiem jeszcze, co mnie czeka, wyjście za tego człowieka.

Poker Face

Lady Gaga

Nie zapomnę pewnej nocy w Malmö. Było lato 1967 roku. Po ostatnim graniu Michał dostał miesięczną wypłatę dla całego zespołu. Akurat były u nas moja mama i siostra Danusia. Leżałyśmy już w łóżkach, Michała nie było, aż nagle wchodzi po cichu, żeby nas nie budzić, i wyjmuje coś z szuflady. Historia powtarzała się co kilkadziesiąt minut. Nad ranem Michał wrócił i wszedł pod kołdrę. Zastanawiałam się, co się działo tam, gdzie mnie nie było.

Sprawa wyjaśniła się następnego dnia. Otóż kierownik zespołu dał się namówić na pokera. Wśród graczy był nasz dobry znajomy, właściciel klubu Artist, w którym graliśmy niejeden raz – Steve Golkovic, wytrawny pokerzysta. Michał przegrał całą wypłatę dla zespołu. Oczywiście, jak już przegrał, to wpadł w rozpacz. Steve, widząc to, poprosił Michała na bok i powiedział: „Skombinuj mi parę piw i wracamy do stołu. Ale ty nie grasz!". Michał stanął na głowie, skombinował kilka heinekenów i przyglądał się, jak Steve odbiera przegrane przez niego pieniądze. Steve oddał Michałowi całą kasę i kazał przysiąc, że nigdy w życiu nie zagra w pokera, bo nie ma o tym zielonego pojęcia, a zestaw kart ma wypisany na twarzy.

1965 rok, Skandynawia. Na scenie śpiewa Ula.
Przy stole od lewej: Leszek Dudziak, Michał Urbaniak,
Włodek Gulgowski, Stasiu Zwierzchowski.
Oczywiście nikt mnie nie słucha, ale przecież to nie były
kociokwiki jak teraz!!!

So Long, Farewell

(z filmu „Dźwięki muzyki" – „The Sound of Music")

● 1968 rok, Szwecja, Stenungsund.
Michał Urbaniak, Andrzej Dąbrowski i Wojtek Karolak
wchodzą do wody w ubraniach estradowych.
Wrócą z wody trzy golasy, koniec już knajpianej trasy.

Nasz pobyt w Skandynawii miał różne fazy. Bywały okresy, kiedy byliśmy zadowoleni, że zarabiamy kasę, za którą możemy kupić instrumenty, mieszkanie i samochód. A były też okresy, w których mieliśmy tego wszystkiego dosyć. Graliśmy wprawdzie w restauracjach, ale podstawą naszej muzyki były jazzowo-soulowo-funkowe kawałki przeplatane muzyką klasyczną. Śpiewałam dużo standardów – miałam ich w repertuarze około pięciuset i wszystkie teksty znałam na pamięć (!!!). Śpiewałam przeboje Dionne Warwick, Petuli Clark, Beatlesów, Barbry Streisand. Andrzej Dąbrowski, nasz perkusista, świetnie śpiewał kawałki Jamesa Browna, Toma Jonesa czy Franka Sinatry. Wojtek Karolak grał na organach Hammonda i kiedy zamykało się oczy, za organami siedział gigant amerykańskiego jazzu organowego Jimmy Smith.

Wiedzieliśmy, że jest to dla nas okres dorabiania się i przygotowywania gruntu pod wyjazd w trasy europejskie, a potem również do Stanów. W miesiącach przed ostatecznym powrotem do Polski (przymierzaliśmy się do powrotu kilka razy) mieliśmy już tego grania serdecznie dosyć. Nastała moda na tak zwany svensktoppen. Była to rodzima muzyka szwedzka, odpowiednik polskiego disco polo z przeważającą liczbą skocznych polek, czyli po prostu „umpa-umpa". Szwedzi prosili, żeby im grać tę muzykę, a my byliśmy w tej materii niewyuczalni. Nastały ciężkie czasy dla dobrej muzyki, a żeby przetrwać, trzeba było grać ten chłam. Nie dawaliśmy rady.

Adam Makowicz, nasz znakomity pianista, powiedział kiedyś: „Jak muzyka idzie, to życie idzie". Szkoda było życia. Ratowała nas przyjaźń kolegów. Życzę wszystkim takiej atmosfery, klasy, życzliwości i poczucia humoru, jakie panowały w naszym zespole. Był rok 1968, trafiliśmy do nadmorskiej miejscowości Stenungsund w Szwecji. Po ostatnim popołudniowym graniu Wojtek Karolak, Michał Urbaniak, Andrzej Dąbrowski weszli do morza w smokingach i lakierkach. Rozebrali się do slipów i zostawili ubranie na pastwę głębiny. Było to spektakularne, symboliczne pożegnanie z knajpą.

Driving Too Fast
The Rolling Stones

Tuż przed powrotem do Polski z kilkuletniego grania
w Skandynawii dostaliśmy zamówionego we Francji pięknego
peugeota 404 kombi w jasnym eleganckim kolorze. Andrzej
Dąbrowski namawiał nas na kupno pasów bezpieczeństwa, ale
ja upatrzyłam w sklepie piękne białe kozaki. Nie stać było nas na
jedno i drugie. Bardzo trudny wybór i poważna sprzeczka z moim
mężem Michałem. Wygrał, tak rzadki u nas (u mnie?), zdrowy
rozsądek. Wracaliśmy do Polski w zapiętych pasach.

Już w Polsce, chwilę później, jechaliśmy na koncert do Zielonej
Góry. Michał prowadził, ja siedziałam obok. Mieliśmy zapięte
pasy. Z tyłu pianista Adam Makowicz, basista Paweł Jarzębski
i perkusista Czesław Bartkowski. No i oczywiście przyczepa
z instrumentami. Czytałam smutne wiersze Marii Pawlikowskiej
-Jasnorzewskiej, zaciskałam pasy coraz ciaśniej. Niedaleko Kutna
zauważyliśmy z lewej strony zbliżający się miejski autobus. Miał
znak stopu. Zwalniał, żeby się zatrzymać. My tak myśleliśmy, więc
Michał dodawał gazu, nie spodziewając się, że kierowca autobusu
również doda gazu. Widząc to, Michał hamuje i celuje trochę
bokiem, między przednie a tylne koła autobusu. Wbiliśmy się
w środek. Autobus nas wlókł, kobiety pracujące w polu zaczęły
się żegnać. Książka, którą czytałam, wyleciała w pole na odległość
dziesięciu metrów. Cudem uszliśmy z życiem. Dzięki pasom, na
które namówił nas Dąbrowski. Oczywiście auto nadawało się
jedynie do kasacji.

Kierowca autobusu wyznał później, że nie rozglądał się, czy
ktoś nadjeżdża z lewej lub prawej strony, tylko wypatrywał milicji

Wyśpiewam Wam Wszystko

ukrywającej się zazwyczaj po przeciwnej stronie, w dolince, aby łapać kierowców lekceważących znak stop.

1970 rok. Po wypadku pod Kutnem.
Bozia lubi nasze dźwięki, my żyjemy! Wielkie dzięki!

On the Sunny Side of the Street
Benny Goodman

Na początku lat siedemdziesiątych coraz częściej wyjeżdżaliśmy z Polski do Europy, aż któregoś razu postanowiliśmy zrobić bazę wypadową w Darmstadt pod Frankfurtem nad Menem. Mieszkaliśmy w ruderze z wychodkiem na półpiętrze, bez łazienki, kuchni, ciepłej wody. Za to mieliśmy piec na ropę. Adres: Pankratiusstrasse 1. Jeden pokój był dla mnie i Michała, drugi z dużą dziurą w suficie dla kolegów. Zresztą w naszym pokoju był pełzający grzyb (wyglądało, jakby podróżował) o średnicy około jednego metra. Płaciliśmy za ten „apartament" jedną markę dziennie.

Graliśmy w klubie jazzowym Jam Pott naszego niemieckiego przyjaciela Hansa Gruhlera. Był to zimny, cuchnący piwem i papierosami bunkier. Michał wstawał codziennie rano, biegł do budki telefonicznej i wydzwaniał do niemieckich klubów, usiłując załatwić granie. Z tamtej strony często padało pytanie: „Czy to Namysłowski? Stańko?". Michał spokojnie odpowiadał: „Nie, to Urbaniak". A, to nie znam, odpowiadano. Michał potrafił na ogół przekonać kogoś po drugiej stronie telefonu, że nie pożałuje. Za dnia pomagałam właścicielowi klubu kelnerowaniem w restauracji piętro wyżej.

Z Darmstadt jeździliśmy po całych Niemczech, zapuszczając się do pobliskiej Francji, Austrii czy Szwajcarii. Większość niemieckich klubów to były powojenne bunkry. Młodzież tam przychodząca paliła jak smok. Czasami leciały mi z oczu czarne łzy. Myślałam, że któregoś dnia stracę głos albo oślepnę. Graliśmy co najmniej trzy sety po więcej niż godzina każdy.

Zakładałam tenisówki i targałam
instrumenty z kolegami, a kiedy
z czasem doszła moja elektronika, sama
walczyłam z kablami i podłączeniami.
Zastanawiałam się wtedy, czy kiedyś to
się zmieni, czy będę miała dźwiękowca,
który rozstawi moja elektronikę,
a ja będę mogła wejść na scenę świeża
i zrelaksowana. Zarabialiśmy przeciętnie
pięćset niemieckich marek na zespół.
Dzieliliśmy się równo i składaliśmy się
na drukowanie ulotek, czasami plakatów,
i na telefony. Adam Makowicz grał na
elektrycznym pianinie Fender Rhodes.
Ale Michał zmusił też Adasia do grania
na clavinecie, małym elektrycznym
keyboardzie o kaczkowatym brzmieniu.
Adaś nienawidził na nim grać, ale jak
już zagrał, to z taką złością, że ciągle
pękały struny.

Pewnego dnia spotkaliśmy
w Darmstadt perkusistę Janusza
Stefańskiego. Na mój widok wykrzyknął:
„Ula, jak ty młodo wyglądasz!". Zapaliła
się u mnie lampka. Młodo wyglądam?
A co mam zrobić? Wyglądać staro?
Owszem, miałam kompleksy co do urody
i co do mojej inteligencji, no i gustu, ale
nie myślałam, że tak szybko się starzeję,
żeby mnie pocieszać w ten sposób,
przecież miałam dopiero dwadzieścia
siedem lat. Muzyka była dla nas wtedy

● 1974 rok, Nowy Jork.
Magazyn „Down Beat", pięciogwiazdkowa
(maksimum) recenzja naszych płyt.
Ale się chwalę!!! Kocham to!!!

najważniejsza. Nic więcej się nie liczyło. Ani niewygody, ani skromne gaże. Czuliśmy, że wykluwa się nasza własna, wspaniała muzyka.

Tam powstała nasza, nagrana z Adamem Makowiczem, płyta „Newborn Light", wydana kilka lat później przez amerykańskiego giganta płytowego Columbię. Płyta zespołowa „Constellation", nagrana w Niemczech tuż przed wyjazdem do Nowego Jorku, też dostała pięć gwiazdek w „Down Beacie" i też wydała ją Columbia. W ten sposób w jednym roku dwie nasze płyty z muzyką, która urodziła się w europejskich bunkrach, zaistniały na rynku amerykańskim. Historia bez precedensu. Byliśmy pierwszymi jazzmanami z Polski przecierającymi ścieżki na tym wielkim i trudnym rynku muzycznym.

Little Cabin on the Hill

Elvis Presley

Kolejną bazą po niemieckim Darmstadt była przeurocza szwajcarska wioska Bühler, blisko Sankt Gallen, niedaleko granicy z Austrią. Wynajęliśmy drewniany dom nazwany Casa Aljoscha. Kiedy wracaliśmy z koncertu, a był to zawsze środek nocy, we wsi zapalały się w oknach światła. O tej porze nikt tamtędy nie przejeżdżał. Przeciążonym fordem busem wspinaliśmy się pod górę na wysokich obrotach, budząc całą wieś. Parkowaliśmy na końcu drogi i ostatnie pięćdziesiąt metrów musieliśmy pokonać pieszo. Kochałam ten domek. Wynajmowaliśmy go od Franka, Szwajcara, który codziennie przynosił nam świeże jajka. Upominał się o skorupki po nich, by z czasem podnieść cenę jaj. Dzięki temu, że karmił kury naszymi skorupkami jaja były większe i tym samym droższe.

Nie zapomnę, jak odbieraliśmy Wojtka Karolaka na stacji w Zurychu. Wojtuś podróżował pociągiem ze Sztokholmu, miał jechać z nami w trasę koncertową po Europie. Była mokra, zimna wiosna, a my z Michałem w kaloszach, w pikowanych watowanych kurtkach i ciepłych czapkach wyglądaliśmy na zawodowych wieśniaków. Czekamy na peronie, pilnie wypatrując naszego kochanego Wojtalcia. Nagle z wagonu pierwszej klasy wysiada przystojniacha w długim do ziemi czarnym skórzanym płaszczu, włoskich superbutach, z pięknymi walizkami Samsonite w rękach. Kiedy Wojtek nas zobaczył, to się wystraszył. My, widząc go, wybuchnęliśmy śmiechem, przeczuwaliśmy, jak zareaguje, widząc naszą „rezydencję". Dojechaliśmy do wioski i kiedy podjeżdżaliśmy pod naszą górę, Wojtek myślał, że robimy sobie żarty. Spodziewał się przyzwoitego hotelu w cywilizowanym mieście, a nie chatki w lesie. Ostatnie pięćdziesiąt metrów to już była dla niego mordęga. Grzązł w błocie i klął na czym świat stoi.

Jego mały pokoik był ozdobiony pajęczyną. W dodatku okazało się, że Wojtek panicznie boi się pająków. Baliśmy się, że nam ucieknie, ale jakoś Wojtka oswoiliśmy, choć bardzo się cieszył, kiedy wyjeżdżaliśmy stamtąd na koncerty. Odwiedzali nas muzycy, którzy grali w Szwajcarii lub Austrii, Niemczech czy Włoszech. W tym czasie spotykaliśmy często Tomka Stańkę z zespołem – całą grandą wpadali do nas i spali w namiocie, który trzymaliśmy dla gości. To była chatka, o jakiej śnią małe dzieci, a ja, zasypiając, często przemieszczam się do niej i czuję się wtedy bezpiecznie, szczęśliwie, jak w bajce.

● Lata 70., Szwajcaria, Bühler. *Na dachu naszego forda Czesław „Mały" Bartkowski.*

● *Zostało jeszcze 20 metrów, a keyboard Wurlitzer ciężki. Po graniu w zadymionych klubach ruch na świeżym powietrzu bardzo wskazany!*

● *Pod górę do naszego domku Casa Aljoscha w Bühler wspinają się Tomek Stańko i Bronisław Suchanek.*

● *Już w domku.*

Doggy Bag

Lil' Bow Wow

1974 rok, Nowy Jork.
Anna Bogusz-Horowitz, Czesław Niemen, Ula Dudziak,
Michał Urbaniak i z przodu Rysiu Horowitz.
*Zawodowe zdjęcie. Rysiu nastawił samowyzwalacz, jesteśmy
bardzo fotogeniczni i widać, że o tym wiemy.*

Z początkiem grudnia 1973 roku z Warszawy do Nowego
Jorku przyjechał Czesiu Niemen. W planie miał nagranie
autorskiej płyty dla prestiżowej wytwórni CBS, która miała wydać
też nagraną w Niemczech naszą płytę „Super Constellation".
Pojechaliśmy po niego na lotnisko Kennedy'ego eleganckim
cadillakiem we trójkę: Sol Rabinowitz, nasz wspólny producent
z CBS, Miś i ja. Czesiu był zaskoczony i uradowany naszym
widokiem. Przez całą drogę z lotniska żartowaliśmy, nie mogliśmy

Wyśpiewam Wam Wszystko

się nagadać, zatrzymując jednak oddech przy wjeździe na Manhattan mostem 59. ulicy, bo to widok nadzwyczajny.

Podjechaliśmy pod elegancki hotel Windsor na 58. ulicy przy 6. alei. Czesław miał piękny apartament, na stole czekały na niego kosz kwiatów, owoce, słodycze i kilka butelek whisky. Czesiu zostawił walizki w pokoju i poszliśmy na kolację do świetnej restauracji tuż obok, specjalizującej się w argentyńskich befsztykach. Oczywiście wszyscy dostaliśmy olbrzymie porcje. Spałaszowaliśmy te pyszności z apetytem, tylko Czesiu zostawił połowę (wtedy jeszcze jadł mięso). W pewnym momencie Rabinowitz zaproponował Czesiowi, żeby wziął kawałek mięsa pozostawiony na talerzu do hotelu i zjadł na śniadanie. Czesiek zaśmiał się cichutko, uznając to za niezły dowcip. Nie byliśmy pewni, czy dobrze zrozumieliśmy, o co chodzi. Wyjaśniło się, kiedy Sol zawołał kelnera i kazał mu zapakować tę resztkę mięsa. Byliśmy zszokowani. Czy tu panuje taki zwyczaj? A może on myśli, że nie mamy w Polsce mięsa? Na wszelki wypadek siedzieliśmy cicho.

Odprowadziliśmy Czesia, niosącego kawałek zimnego ugryzionego befsztyka zapakowany w plastikowy worek, do królewskiego apartamentu w luksusowym hotelu, a sami wracaliśmy do naszego cuchnącego hotelu Le Marquis. Szliśmy z Misiem w milczeniu. Było nam smutno.

1981 rok, Nowy Jork.
Czesław Niemen i moja córeczka Kasia.
Kasia sprawdza, czy Czesiu nie weźmie większego kawałka tortu.

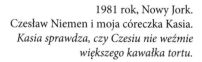

Anyone for Tennis

Eric Clapton

Sopot, turniej tenisowy VIP-ów. Jak zwykle przeważająca liczba facetów. Grałam brawurowo i szłam jak burza. Kto następny? – pytałam. Kobiety wykosiłam. Następnym etapem było granie z mężczyznami. Pomyślałam, że biedny będzie mój przeciwnik. Okazał się nim znany karykaturzysta Henryk Sawka, którego poczucie humoru uważam za genialne.

Pobiegłam na kort, na którym grał, podpatrzeć, w jakiej jest formie. Rzuciłam na jego grę okiem i stwierdziłam: miernota. Biedak, lubię go bardzo, ale będzie musiał przeżyć tę dotkliwą porażkę. Zaczęliśmy grać. Serwował Henio. Ślamazara, przylepiłam mu łatkę na samym początku, tak wolno zbierał się do serwu. Podrzucał piłeczkę i robił unik. Jeszcze raz i jeszcze... Przyglądał się badawczo piłce, którą obracał w dłoni. Odgarniał niesforne mikroskopijne włoski otulające żółtą powierzchnię piłeczki. Serw i znowu unik. Czekałam po przeciwnej stronie jak w zwartym szeregu, gotowa do zadania dotkliwego ciosu. A ten znowu skupił się na żółtej piłeczce, jakby zadawał sobie pytanie: „Dlaczego ta piłka ma tylko głowę?". Wreszcie piłka poleciała w moją stronę. Walnęłam, a ona poleciała daleko w aut. Po chwili sytuacja się powtórzyła. Traciłam panowanie nad nerwami. Jak to? Co się dzieje? Psułam piłkę za piłką, w ten sposób przegrywając cały mecz. Henio, bystrzacha, inteligentna bestia, rozszyfrował mnie w mgnieniu oka i zastosował odpowiednią taktykę.

Prawie nigdy, kiedy przegrywałam, nie bolało mnie to, ale tym razem byłam zdewastowana. Tak się przejechać na własnej prognozie? Henio to zauważył, podszedł do mnie i powiedział: „Uleczko, mam dla ciebie rysunek, który wymyśliłem przed chwilą". Po kilku dniach dostałam podarunek.

● Rysunek Henryka Sawki.
Mówię czasami, że tenis to mój zawód, a muzyka to moje hobby.

A ta Dudziak śpiewa, śpiewa i będzie tak długo śpiewać, dopóki się nie nauczy. Tak mówił o sobie i tak zapewniał Frank Sinatra podczas swojego koncertu w nowojorskim Radio City Hall. Ja czasami żartuję, że tenis to mój zawód, a śpiewanie to moje hobby.

● Lata 70. Nowy Jork, korty tenisowe na Forest Hills.
Od lewej: ojciec mojej koleżanki Eli Świerszcz, ja, Leszek Świerszcz, Wojtek Fibak, Zbigniew Namysłowski.
Silna tenisowa grupa pod wezwaniem.

Walk on By

Dionne Warwick

W 1977 roku, idąc 57. ulicą na Manhattanie, w pewnej chwili ujrzałam zbliżającego się z naprzeciwka Jerzego Kosińskiego. Ojejku, jaki on z bliska przystojny i jaką ma niezwykłą twarz, a jakie oczy!!! Muszę go zaczepić, myślałam gorączkowo, z szybkością błyskawicy. Muszę go poznać osobiście. Ale co mam powiedzieć? – kombinowałam. A może powiem jednym tchem: „Dzień dobry, panie Kosiński, nazywam się Urszula Dudziak, jestem z Polski, śpiewam jazz, widziałam pana nieraz w telewizji u Johnny'ego Carsona, byłam panem zachwycona, zawsze chciałam pana poznać i nareszcie jest okazja!". Zbliżaliśmy się do siebie, popatrzył na mnie, a ja śmiało spojrzałam mu prosto w oczy. Wzięłam głęboki oddech i... Kosiński ostentacyjnie spuścił głowę i szybko mnie minął. Szłam dalej wolno, zawiedziona.

Równo dziesięć lat później przyszedł do jazzowego klubu Blue Note na Manhattanie, nakłoniony przez mojego przyjaciela Maćka, żeby posłuchać jazzowej wokalistki z Polski Urszuli Dudziak. W przerwie dosiadłam się do ich stolika. Byłam stremowana Jerzego obecnością, ale nie przeszło mi przez myśl, że wkrótce pokocham tego mężczyznę do nieprzytomności, że oszaleję na jego punkcie, że będę wpadała w rozpacz przez niego i dotykała nieba razem z nim. Było to 25 maja 1987 roku. Nieraz mi potem wymawiał: „Uleńko, czemu mnie wtedy nie zaczepiłaś? Wszystko by się potoczyło inaczej".

A Star is Born
Barbra Streisand

● 1947 rok, Gubin.
Święta Urszulka.

1991 rok, Nowy Jork, klub Zanzibar.
Grzeszna Urszulka.
Ulubione zdjęcie Jerzego Kosińskiego. ●

Gubin. Mam cztery lata, jest wieczór wigilijny, leżę w łóżku chora na szkarlatynę. Do pokoju wchodzą rodzice. Tatuś niesie pięknie zapakowane pudło. Mama pomaga mu je otworzyć. Nagle moim oczom ukazuje się klejnot wyjątkowej urody. Czerwony ośmiobasowy akordeon z białymi jak śnieg klawiszami. Podają mi to cudo. Dotykam lśniących klawiszy, szukam basów i gram ze słuchu „Wśród nocnej ciszy". Rodzice stoją zdumieni. Tatuś mówi do mamy: „Gołąbeczku (tak mówili do siebie przez całe wspólne, prawie sześćdziesięcioletnie małżeństwo), mamy zdolną córkę". Od tego czasu robiłam za gwiazdę. Ponieważ w tym okresie w Gubinie stacjonowało dużo wojska, a był to rok 1947, co

jakiś czas odbywały się akademie, uroczystości, różnego rodzaju celebracje. Żadna z nich nie obeszła się beze mnie.

Miałam piękne blond loki, a na czubku głowy wywiązaną dużą lśniącą białą kokardę. Nazywano mnie gubińską Shirley Temple. Wywijałam na akordeonie polki, pieśni patriotyczne, partyzanckie, ówczesne szlagiery. Mój brat Leszek, cztery lata ode mnie starszy, recytował dowcipne monologi. Byliśmy słynnym na całe miasto, pięknie wyglądającym, utalentowanym duetem. Rosłam jak na drożdżach, ale traciłam na urodzie. Jako czternastolatka byłam chudą tyczką (mówiono na mnie Duda lub Tyczka), miałam krzywe zęby (wada zgryzu), długi nos (a nie piękny i malutki jak u Bardotki), a na twarzy kilka czarnych pieprzyków (wtedy według mnie znamiona wątpliwej urody), poza tym męczące zajady w kącikach ust, liszaje na powiekach, przegubach rąk i pod kolanami (egzema klejąca się do mnie latami).

Mijały lata, egzema rozpłynęła się jak mgła, z pieprzykami poradziła sobie kosmetyczka, zostały natomiast krzywe zęby i długi nos. Z tego wszystkiego myślałam ciągle, że jestem szkaradą. Kiedy wchodziłam na scenę, miałam w głowie: „Muszę szybko coś zaśpiewać, żeby uzasadnić moją obecność na scenie i poprawić wizerunek z nieatrakcyjnego na jako taki". Mój brat Leszek łapał mnie często za nos i przypominał: „Ale ty masz tę truskawę!". Kiedyś ostudził moje sceniczne zapędy, konstatując: „Ty nigdy nie zrobisz kariery, bo nie masz aparycji". Ale przecież mam talent, szeptałam w myśli. Nie wiedziałam jeszcze, co w moim towarzystwie na temat talentu powie Janusz Głowacki.

Nowy Jork, lata dziewięćdziesiąte. Jest impreza organizowana przez „Nowy Dziennik". Idę z Januszem środkiem sali, podchodzi do nas znana poetka Anna Frajlich. Przed nią idzie jej wielki biust. Witamy się, a Janusz mówi: „O rany, jakie piersi". Anna na to: „Ale mam też talent". „Talent to ma każdy" – odpowiedział. Mój pierwszy mąż Michał nie był moją urodą zachwycony, nie pamiętam, żeby mi powiedział: „Jesteś ładna". Przypominał mi raczej, że mam płaską twarz, jakby mi tramwaj przez nią przejechał. Ale wracam do Nowego Jorku. Jest z kolei rok 1989, restauracja Jeana Lafitte'a na 58. ulicy przy 6. alei. Naprzeciwko mnie siedzi Jerzy Kosiński. Mówi: „Uleńko, masz najpiękniejszą szeroką twarz na świecie". Jak to? – dopowiadam w myślach, przecież wszystkie wizażystki wyczulone na niewłaściwe proporcje twarzy przyciemniają mi okolice żuchwy, zwężając tym posunięciem moją za szeroką twarz. Jerzy delikatnie dotyka mojej twarzy i mówi: „Moja tycjanowska piękność". Przyglądam mu się uważnie. Wiem, że nie musi się już starać, kocham go i wierzę, że jest autentycznie zachwycony moją urodą. Musiałam czekać czterdzieści dwa lata, żeby się znowu poczuć jak Shirley Temple.

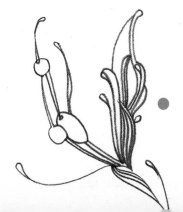

America the Beautiful

Samuel A. Ward

Przylecieliśmy z Michałem do Nowego Jorku 11 września 1973 roku. Przemyciliśmy dwa tysiące dolarów i pół kilograma złota w biżuterii i w złotych dwudziestodolarówkach. Graliśmy przez kilka lat do kotleta w Szwecji i za każdym razem, kiedy Michał ku mojej rozpaczy dawał w szyję, do swoich przeprosin i obietnicy poprawy dołączał albo pierścionek, albo bransoletkę. Uzbierało się tego sporo. W pierwszych tygodniach przytuliliśmy się do znajomych w New Jersey, Jana i Basi Kuracińskich.

Zaraz po przyjeździe kupiliśmy starego chevroleta impalę z sześćdziesiątego trzeciego roku za dwieście dolarów plus ubezpieczenie i opłaty, w sumie płacąc za niego pięćset dolarów. Codziennie jeździliśmy na Manhattan do firmy płytowej Columbia na 52. ulicy przy 6. alei. Niestety, pewnego dnia skradziono nasz ulubiony samochód i postanowiliśmy przenieść się na Manhattan. Zamieszkaliśmy w hotelu Le Marquis na 32. ulicy między Madison a 5. aleją, tak z marszu. Apartament, nazwa szumna, kosztował sto sześćdziesiąt dolarów miesięcznie i składał się z dużego pokoju, małej sypialni z wnęką kuchenną i łazienki. Po wejściu do tego lokum rzuciłam bagaże i weszłam do łóżka, bo było to jedyne czyste miejsce. W pokoju było kilka starych śmierdzących gratów, dywan czarny od brudu, okna zaplute, zaklinowane na amen i brzęcząca na okrągło klimatyzacja wmontowana w jedno z okien. W końcu wstałam, rozebrałam kuchnię gazową na części i umorusana po łokcie doprowadziłam ją do jako takiego stanu.

Wyśpiewam Wam Wszystko

Staczałam regularne wojny z karaluchami w łazience i kuchni. Kiedyś, leżąc w łóżku i oglądając telewizję, zauważyłam, że na piecu obok stoi patelnia, której przykrywka lekko się unosi. Myślałam, że mi odbiło i mam halucynacje. Po chwili spod przykrywki wyczołgała się mysz i szybko gdzieś umknęła. W pierwszych dniach pobytu byliśmy świadkami ujęcia bandyty na Broadwayu. Kilka pistoletów wymierzonych w czarnoskórego i ryk syren. Następnego dnia inny czarnoskóry zastrzelił dwóch policjantów. Widziałam też w pobliżu faceta z poderżniętym gardłem i innego z rozciętym bokiem. Co chwila było słychać syreny karetek, policji lub straży pożarnej. Najgorsi byli narkomani, zdolni do wszystkiego. Na szczęście Michał odstraszał opryszków swoim wyglądem (bo wyglądał na jednego z nich) i czuliśmy się w miarę bezpiecznie, choć ja na wszelki wypadek nosiłam w torebce nóż. Tuż obok naszego apartamentu, przy windzie, mieszkała alkoholiczka, która notorycznie zasypiała z papierosem w łóżku i podpalała hotel. Za trzecim razem straż pożarna, gasząc pożar, zalała silnik i winda nie działała tygodniami. Wszyscy się buntowali. Mieszkaliśmy na szóstym piętrze, ale co miały powiedzieć inwalidki, chore staruszki wdrapujące się na dwunaste czy czternaste piętro?

Mama Michała Irenka zawsze nas pouczała: „Wartościowe rzeczy jak pieniądze czy kosztowności zawsze noście przy sobie". Tak robiliśmy do 2 listopada 1973 roku. Rysiu i Ania Horowitzowie zaprosili nas do siebie na przyjęcie. Ubrałam się elegancko i wzięłam ze sobą małą wizytową torebkę, a złoto schowałam głęboko, „bardzo bezpiecznie", w szufladzie. Wracaliśmy od Rysiów w bardzo dobrym humorze. Wchodzimy na klatkę schodową hotelu i widzimy od razu, że drzwi do naszego pokoju są uchylone. W środku wszystko powywracane do góry nogami. Biegnę do szuflady... Pusta. Po dziesięciu minutach zjawia się policja i chętnie nam demonstruje, jak się wchodzi do naszego pokoju za pomocą karty kredytowej. Policjant zgrabnie wkłada kartę w szparę przy klamce i drzwi leciutko ustępują. Pocieszają nas, że mieliśmy szczęście, bo jakbyśmy przyszli wcześniej i zastali złodziei, mogliby nas zabić. Byliśmy w szoku. Oprócz złota włamywacze zabrali moją piękną, długą do ziemi skórzaną kamizelkę przygotowaną na premierowy koncert w Nowym Jorku, nasz duży, wypasiony radiokasetowiec firmy Grundig i kamerę filmową. Zostawili Misiowe skrzypce, saksofon, moje elektroniczne przystawki. Policja obiecała zawiadomić nas, jak tylko coś się znajdzie. Ślad po wszystkim zaginął na zawsze.

Suszyłam Michałowi głowę, że nie wytrzymam w tym hotelu, a on mnie ochrzaniał, że przyjechaliśmy tu walczyć, a nie na wczasy, i że on może mieszkać tu bez końca. Czuł się jak ryba w wodzie, a ja narzekałam i dostałam z nerwów francowatego reumatyzmu. Kulałam, nie mogłam wstać z łóżka ani utrzymać czegoś cięższego w rękach, nawet patelni, żeby palnąć Michała. Płakałam, bo nie byłam w stanie nawet utrzymać w ręce mikrofonu, tak bolało. Lekarze byli bezradni. Po kilkumiesięcznym pobycie w Le Marquis i bezskutecznym szukaniu lokum w biurze pośrednictwa mieszkań szliśmy z dziennikarzem Romanem Waschko, naszym wielkim fanem, który często przyjeżdżał do Nowego Jorku, 58. ulicą między 6. a 7. aleją. Pod numerem 145 wisiał szyld: „Mieszkania do wynajęcia". „Tu powinniście mieszkać – doradzał Roman. – Dla Amerykanów bardzo ważny jest adres, a to świetna lokalizacja". Weszliśmy obejrzeć kilka mieszkań. Już nie chciałam stamtąd wychodzić. Mieszkania czyściutkie, pachnące, jasne, ale dwa razy droższe od zapuszczonego hotelu.

Michał, doprowadzając mnie do rozpaczy, codziennie zmieniał zdanie i powtarzał: „Nie stać nas na to! Przyjechaliśmy tu zrobić karierę, a nie na wakacje!". Nasz adwokat Bill Krasilovsky mówił

to samo, a ja w duchu modliłam się, żebyśmy tam zamieszkali.
Po kilku tygodniach wprowadzaliśmy się już pod świetny adres
na Manhattanie: 145. Zachodnia 58. ulica, mieszkanie 7A.
Reumatyzm zniknął bez śladu, skakałam z radości.

It's now or never

Elvis Presley

W Ameryce przez jakiś czas grał z nami świetny ciemnoskóry pianista Harold Williams. Grał z Milesem Davisem i opowiedział nam o swoim pierwszym z nim graniu. Wszedł na scenę, bez próby, bez nut, co było zresztą typowe dla Milesa. Harold był w siódmym niebie, ale zestresowany. Grał szybko i dużo, chcąc jak najwięcej pokazać w ograniczonym czasie. W pewnej chwili w czasie brawurowej solówki Harolda Miles podszedł do niego i skarcił: „Hey man, play what's written" (graj, co w nutach!).

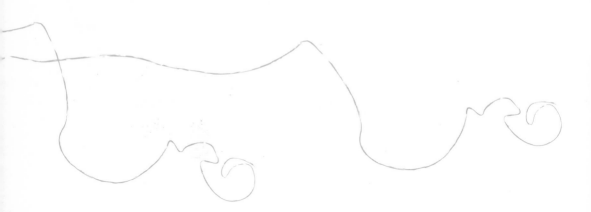

Tutti Frutti

Little Richard

Nasze mieszkanie na 58. ulicy numer 10A (z czasem zamieniliśmy z 7A na większe i na wyższym piętrze) wyglądało jak muzeum międzyplanetarne. Dziesiątki kabli, masa instrumentów, elektronicznych przystawek, wzmacniaczy. Kiedy urodziły się Kasia i Mika, bardzo zgrabnie lawirowały między tą elektroniką. W walce o nasze zaistnienie na rynku amerykańskim ćwiczyliśmy z Michałem godzinami. Eksperymentowałam głosem, a dźwięki ozdabiałam przeróżnymi sylabami. Często powtarzającą się frazą, łatwą do wykorzystania rytmicznie było: „dunkiku".

Kasia w szkole podstawowej zapytana przez mamę koleżanki, co robię, odpowiedziała dumnie, że mama śpiewa. A co śpiewa, podpytywała dalej matka koleżanki, może czekając na odpowiedź, że śpiewam w Metropolitan Opera. Kasia odpowiedziała szczerze: „Moja mama śpiewa dunkiku". „A co to takiego dunkiku?" – zapytała tamta, ozdabiając pytanie złośliwym uśmieszkiem. Kasia zademonstrowała styl mojego śpiewania i zaraz zrozumiała, że coś tu chyba nie gra. Tego dnia przy obiedzie doszło do konfrontacji. „Mama, czemu ty tak dziwnie śpiewasz? – zapytała. – Nie możesz śpiewać tak jak inne matki?". Musiałam się gęsto tłumaczyć. Mój tatuś prosił mnie zawsze, żebym śpiewała „normalnie". W końcu skapitulował, oświadczając pewnego dnia: „Wiesz, Uluś, nawet polubiłem te twoje kociokwiki".

A wracając do obiadowej konfrontacji, przypomniała mi się anegdotka dotycząca Milesa Davisa. Po koncercie mistrza podszedł do niego dziennikarz i zapytał: „Panie Miles, dlaczego pan nie używa vibrato? Pański ton jest prosty, a nie falujący, jak u innych trębaczy". Miles swoim niskim ochrypłym głosem odpowiedział: „Vibrato przyjdzie samo na starość".

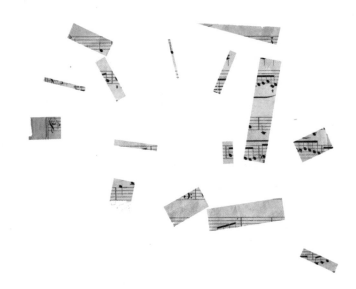

Help
The Beatles

W połowie maja 1974 roku świętowaliśmy promocję naszej pierwszej płyty wydanej przez Columbię – „Fusion". Wielkie party odbyło się w polskim konsulacie, który mieści się w pięknym pałacyku na 37. ulicy przy Madison. Była nowojorska telewizja ABC, a wydarzenie relacjonował znany telewizyjny prezenter, brodato-wąsaty Joel Siegel. Mieliśmy do wyboru: zorganizować zespół z muzyków amerykańskich albo sprowadzić naszych, z Warszawy. Zdecydowaliśmy się na drugą, o wiele trudniejszą opcję, jednak bliższą sercu. Zawiadomiliśmy kolegów: Wojtka Karolaka, Czesia „Małego" Bartkowskiego i Pawła Jarzębskiego. Wszystko udało się szybko i sprawnie załatwić, koledzy z paszportami i wizami wsiedli do samolotu na Okęciu i wylądowali na lotnisku JFK w Nowym Jorku. Mała niespodzianka: przyjechał z nimi przedstawiciel Pagartu, niejaki Andrzej Marzec, żeby sprawdzić, co też się z nami dzieje i jak to wszystko wygląda. Towarzyszył nam wszędzie i pilnie wszystko obserwował.

W dniu promocji naszej płyty na próbie w konsulacie odkryłam, że w łazience wisi firanka czarna od brudu. Zdjęłam ją z karnisza i w ekspresowym tempie wyprałam w umywalce z zimną wodą. Powiesiłam mokrą, ale czystą. Byłoby mi wstyd przed naszymi amerykańskimi przyjaciółmi, że w tak pięknym konsulacie znalazł się taki „babol". Attaché kulturalnym był wtedy Sławomir Petelicki, późniejszy twórca GROM-u – stawał na głowie, żeby wszystko się świetnie udało. Rozładowywał stres anegdotkami. Pamiętam jedną z nich. Przyjechał na stypendium do Nowego Jorku pewien profesor i Sławek jako jego opiekun oprowadzał go po Manhattanie. Nagle z bramy wyskoczył ciemnoskóry mężczyzna, trzymając w ręku nóż, i groźnie domagał się pieniędzy. Naukowiec się zdziwił: „Panie Sławku, tak w biały dzień?", a po chwili dodał: „Ja nic nie mogę dać, bo mam ściśle wyliczone diety". Jakoś udało się wybrnąć, ale parę ulic dalej leżał postrzelony ciemnoskóry. Tego było już za wiele. Profesor krzyknął: „Makabra!", i rzucił się do ucieczki.

Wracam więc do konsulatu na niemal królewskie przyjęcie. Uginające się stoły, potrawy pięknie podane. Byłam dumna jak paw. Przyszli wszyscy ważni z CBS-u, między innymi John Hammond, wielki autorytet w Columbii, odkrywca takich talentów, jak Aretha Franklin, Bob Dylan. Przybył oczywiście nasz producent Sol Rabinowitz ze świtą, Walter Yetnikoff, który kształtował kariery Michaela Jacksona i Barbry Streisand, Roger Ailes – nasz „prawie" menedżer, obecnie prezydent TV Fox New Channel, konsultant do spraw PR prezydentów Nixona, Reagana i Busha. No i pojawił się szef Columbii Bruce Lundvall. Przyszli Conoverowie i Gil Evans z żoną Anitą. Daliśmy krótki koncert relacjonowany dla amerykańskiej telewizji, podczas którego Joel Siegel nazwał Michała polskim Presleyem. To porównanie pasowało do karkołomno-komediowego pomysłu CBS nazwania naszej muzyki „rock and roll with sense of humor" (rock and rollem z poczuciem humoru). Mnie te porównania bawiły, a Michała wkurzały.

Następnego dnia w „New York Timesie" ukazała się bardzo pochlebna recenzja. Po pewnym czasie już czterysta sześćdziesiąt rozgłośni radiowych grało naszą muzykę, a nasz wielki fan z nowojorskiej stacji jazzowej Les Davis grał ją na okrągło. To był prawdziwy początek naszej amerykańskiej muzycznej przygody, na którą składały się: pot, krew i łzy, nie tylko smutku i rozczarowań, ale również szczęścia i ekstazy.

1974 rok, Nowy Jork, polski konsulat.
Od lewej: Joel Siegel, dziennikarz telewizyjny NBC
w Nowym Jorku, Michał Urbaniak, Gil Evans, Wojtek Karolak i ja.
Goszczono nas wszystkich po królewsku.
Pochwałom nie było końca.

Funny Face

Fred Astaire

Siedzieliśmy z Jurkiem Kosińskim w japońskiej restauracji na 56. ulicy. Obok nas siedziało ośmiu sklonowanych Japończyków. Czarne garnitury, białe koszule, czarne krawaty. Jeden wstaje, a za nim powoli cała reszta. Podchodzą do naszego stolika i najodważniejszy, a może wydelegowany przez resztę, zwraca się z prośbą od wszystkich o autograf Jerzego. Jurek chętnie się zgodził, wyjął kilka karteczek (był na takie sytuacje zawsze przygotowany) i zaczął na nich składać swój podpis. Pod koniec podpisywania opiekun wycieczki uważnie spojrzał na podpis Jurka i przemówił: „My prosimy o pana autograf". Jerzy na to: „To jest mój podpis: Jerzy Kosiński". A opiekun wycieczki zdziwionym głosem zapytał: „To pan nie jest Marcel Marceau?". Po negatywnej odpowiedzi Jurka wszystkie karteczki wylądowały z powrotem na naszym stoliku.

Innym razem, siedząc przy barze w restauracji O'Neals na rogu 57. ulicy i 6. alei, zamierzaliśmy wypić szybkiego drinka i pójść w Nowy Jork. Podchodzi do nas barman i mówi: „Tamci państwo na końcu baru zapraszają państwa na drinka. Czego sobie państwo życzą?". Zamówiliśmy rum z coca-colą, wtedy Jurek odezwał się, wyraźnie poirytowany: „Wiesz dlaczego, jak chodziłem po barach sam, to zakładałem perukę i przyklejałem wąsy? Żeby tacy jedni czy drudzy nie kupowali mojego bezcennego czasu za głupich kilka dolarów, żeby nie zadawali mi durnych pytań: Nad czym pan teraz pracuje? Co pan teraz pisze? Na szczęście teraz jestem z tobą, czyli możemy podejść do nich już w płaszczach, podziękować i szybko czmychnąć". Założyliśmy płaszcze i podchodzimy do fundatorów drinka, żeby im podziękować i szybko się zmyć.

Wyśiemam Wam Uszystko

Witamy się i jeden z nich, a były dwie pary, zwraca się do mnie po angielsku: „Pani Urszulo, śledzę pani karierę. Jest pani wspaniała, unikalna i mam wszystkie pani płyty". Kątem oka spojrzałam na Jurka. Miał minę bezradnego, zawstydzonego dziecka. Cofnął się o krok ode mnie i od tego czasu zupełnie inaczej się zachowywał, kiedy ktoś prawił mi komplementy. Wcześniej stał przy mnie, niecierpliwił się i czekał na moment, żeby mnie odciągnąć, a od tej chwili oddalał się i czekał znudzony, aż pożegnam fanów i będę tylko dla niego.

Comfortably Numb

Pink Floyd

Siedząc na przyjęciu u znajomych, Jurek Kosiński przyglądał się parze gospodarzy. Wiedziałam, że uwielbia gospodynię. Śliczna, troskliwa, wiecznie uśmiechnięta. Natomiast gospodarz uwielbiał komplementy i mówił dużo o sobie, oczywiście zawsze w superlatywach. Według Jurka miał zero dystansu, skromności i pokory, i był typowym narcyzem. Jurek, patrząc na nich, powiedział do mnie: „Uleńko, nie rozumiem, jak takie piękne zdanie może żyć z takim przecinkiem". Po przeciwnej stronie siedziała piękna Beata, którą Jurek widział po raz pierwszy. Zapytałam: „Podoba ci się ta kobieta?". „Owszem" – odpowiedział. To chodź, poznam cię z nią. Zostawiłam ich samych i dyskretnie ulotniłam się na kwadrans. Po moim powrocie skonstatował: „Ona to Ćwiklińska – dom piramida, a w środku sto pięćdziesiąt gratów, takie polskie psychiczne buraki. Potrzeba ich pięć tysięcy, żeby wycisnąć łyżeczkę cukru". Wracając z tego przyjęcia, powiedział: „Wiesz, Uleńko, kiedy byłem mały, wszystko czułem, a nic nie wiedziałem, teraz dużo więcej wiem, ale o wiele mniej czuję".

Found a Job

Talking Heads

Wyobrażaliśmy sobie z Michałem, że jak przyjedziemy do Nowego Jorku z płytą nagraną w Niemczech dla CBS, gotową do wydania przez prestiżową firmę płytową Columbia, to cały proces negocjacji, ustaleń i wydania płyty potrwa parę tygodni. Po pierwszej reakcji ludzi z Columbii, która polegała na zachwycie i gratulacjach, byliśmy pewni, że już za chwilę będziemy artystami tej wspaniałej firmy, podpiszą z nami kontrakt i dadzą nam sutą zaliczkę. Realia wyglądały inaczej. Mijały miesiące, a tu żadnych konkretów. Oszczędności topniały, z kosztowności nas szpetnie okradziono w hotelu Le Marquis na Manhattanie, zaczęliśmy więc z Michałem wymyślać koło ratunkowe.

Z pomocą przyszedł nam nasz oddany fan, polski dziennikarz Roman Waschko. „Mam kontakt z Hiltonami i może oni wam pomogą" – zasugerował podczas jednego z pobytów na Manhattanie. Okazało się, że rodzina Hiltonów potrzebuje kogoś do gotowania i serwowania posiłków. 4 grudnia 1973 roku (dokładnie to opisałam w pamiętniku) poszłam pod adres 340. Wschodnia 64. ulica i weszłam do apartamentu numer 64 na dwudziestym pierwszym piętrze. Stanęłam jak wryta. O takim apartamencie nawet nie śniłam. Olbrzymi penthouse, ślicznie urządzony, z widokiem na cały Manhattan. Pani domu w długiej sukni, ja w dżinsach i trampkach. Razem z mężem przepytywali mnie z wiadomości o gotowaniu. Wyraźnie ożywili się, kiedy zaczęłam opowiadać im o naszym przyjeździe do Nowego Jorku. Natychmiast zaproponowali nam granie w hotelach Hilton.

Przyfrunęłam wprost do naszego hotelu z radosną wiadomością, że nie zginiemy z głodu. Michał powiedział krótko: „Nie przyjechaliśmy tu grać do kotleta". Ja natomiast uznałam, że może bardziej bym się nadawała do sprzedawania w sklepie, i planowałam zatrudnić się w znanym domu handlowym Bloomingdales. Tam też nie dotarłam. Cudem przetrwaliśmy następne miesiące, a promocja naszej pierwszej płyty „Fusion" odbyła się całe pół roku później.

I'm Sorry

Brenda Lee

Dzień po moich trzydziestych urodzinach, czyli 23 października 1973 roku, byliśmy na spotkaniu ze znanym, cenionym, legendarnym producentem Johnem Hammondem w nowojorskiej firmie płytowej Columbia, której był dyrektorem programowym. Od niego zależało, czy będziemy w ich stajni, czy też nie. Minęło już kilka tygodni, a byliśmy bardzo niecierpliwi, i wciąż nie było ostatecznego werdyktu.

Po krótkiej rozmowie na temat płyty zespołowej Michał powiedział, że ma ze sobą moją płytę nagraną ze znakomitym polskim pianistą Adamem Makowiczem. Wyjął ją z torby i podał Johnowi. John wziął ją do ręki, zlustrował i położył na adapterze. Słuchał, słuchał... i po przesłuchaniu pierwszego utworu powiedział: „Sorry, Michael, but Urszula comes first" (przepraszam, Michale, ale płytę Uli wydam jako pierwszą). „Będę miała płytę wydaną przez najlepszą wytwórnię świata: Columbię!!!!!!!!!! Hurrrrrra!!!!!!!" – tak pisałam w pamiętniku tego dnia.

Dude (Looks Like A Lady)

Aerosmith

Rok 1984. Nowy Jork. Od pewnego czasu zauważyłam niepokojącą zmianę w zachowaniu mojego męża. Dotychczas trzymał mnie krótko i bardzo uzależnił od siebie, aż tu nagle znika i nie wraca godzinami. Zwierzam się z mojego niepokoju przyjaciółce, Eli. Doradza zmianę wyglądu. To ma Michała zaintrygować, spowoduje, że spojrzy na mnie na świeżo i zmieni o mnie zdanie na lepsze. „Co proponujesz?" – zapytałam, a zawsze zazdrościłam Eli gustu i wyczucia stylu. Poradziła, żebym zmieniła fryzurę. „Te długie do pasa, gęste włosy są nudne – oświadczyła. – Mam świetnego fryzjera, Emanuela. Przyjdzie do domu i zrobi taką fryzurę, że zakocha się w tobie połowa Manhattanu". Nie mogłam się go doczekać.

Przyszedł następnego dnia. Młody, wyfiokowany i pewny siebie. Po wstępnych oględzinach poprosił o kosz na śmieci. Przed sobą miałam lustro, za sobą zbawiciela. „Jaki ma pan pomysł?" – zapytałam nieśmiało. „Kochana, będziesz wyglądała zjawiskowo, uwierz mi". Uwierzyłam. Wziął do jednej ręki małe fryzjerskie nożyczki, a w drugą gęsty pukiel włosów. Ciachnął tuż nad uchem. Półmetrowy kosmyk wylądował w koszu. Szło mu gładko, sprawnie i był pewny swego. Patrzyłam na odbicie w lustrze, siedziałam sparaliżowana i nie mogłam wymówić słowa. Myśli rozsadzały mi czaszkę. Odbywało się tak zwane pałowanie za wszystkie czasy. Tak, zasłużyłam sobie na to, co się teraz dzieje – mówiłam do siebie w myślach. Będę wyglądać jak idiotka, bo kiedy chodziłam do szkoły, to nie odrabiałam lekcji, uciekałam na wagary, pyskowałam rodzicom, kłamałam zawzięcie, nigdy nie nauczyłam się porządnie gotować ani szyć, za wolno czytałam nuty, sprzątałam po łebkach, ziewałam w kościele...

Masakra trwała około czterdziestu pięciu minut i kosztowała dwieście dolarów. A wyglądałam tak: z jednej strony byłam wystrzyżona i wyglądałam jak facet, z drugiej włosy do ramion kończyły się długim szpicem okalającym żuchwę. Fryzjer lubił i kobiety, i mężczyzn. A Michał? Przy najbliższej okazji rzucił na mnie okiem i powiedział: „Jesteś spuchnięta z prawej. Nie boli cię ząb?".

Howl

Florence and The Machine

Na lotnisku Okęcie w Warszawie podałam oficerowi paszport. Tyle razy obiecywałam sobie, że po rozwodzie wrócę do swojego nazwiska, ale zawsze brakowało na to czasu albo determinacji. W paszporcie byłam Urszulą Urbaniak. Oficer spojrzał w książeczkę, potem na mnie i elegancko podzielił się swoim spostrzeżeniem: „O! Urbaniak, to ten, co tak trąbi, i ma tę żonę, co tak wyje". „Daj pan spokój. Ja ich nie znam" – odpowiedziałam. Kiedyś w Łodzi na targu bałuckim podeszła do mnie bezzębna przekupka i zapytała: „Pani, wysłali mnie, żeby się zapytać, jak się pani nazywa". „Urszula Dudziak" – odpowiedziałam. Spojrzała na mnie rozczarowana i powiedziała: „A, to nie znam". I szybko odeszła.

You Don't Fool Me

Queen

Wychodzę z mojego domu na 58. i idę ulicą w kierunku 6. alei. Nagle ktoś woła: „Proszę pani, zgubiła pani torebkę!". Odwracam się i widzę, że elegancko ubrany ciemnoskóry mężczyzna trzyma w ręku torebkę i szybkim krokiem zbliża się do mnie. Kiedy jest już przy mnie i wręcza mi torebkę, mówię, że nie jest moja, ale możemy zajrzeć do środka i poszukać czegoś, co nam wskaże właściciela. Dziwna sytuacja. Trzymam torebkę i ciągnę w moim kierunku, on ciągnie w swoim. Podjeżdża taksówka, zatrzymuję ją i proszę o pomoc w rozstrzygnięciu sporu. Z samochodu wyskakuje taksówkarz. Tłumaczę, że ktoś zgubił torebkę i nie wiemy, co z nią zrobić. W tym czasie ciemnoskóry dyskretnie się ulatnia.

Zaglądamy do środka, a tam plik banknotów dwudziestodolarowych owiniętych bankową banderolą, z której wynika, że to tysiąc dolarów. Kierowca rozerwał banderolę, a spod dwóch zewnętrznych dwudziestodolarówek wychyliły się równo przycięte gazety. Roześmiał się w głos, nic z tego nie rozumiałam. Zostałam z torebką i czterdziestoma dolarami. Dlaczego tamten facet uciekł, zastanawiałam się. Zaczęłam krążyć po okolicy w nadziei, że odnajdę tamtego uczciwego znalazcę.

Po jakimś czasie opowiadam to na przyjęciu. Amerykańskie towarzystwo śmieje się i tłumaczy, że to bardzo popularna „con game", czyli gra przestępców. Otóż czatuje taki kryminalista w dobrej dzielnicy na kobietę, która prawdopodobnie wychodzi ze swojego domu i prawdopodobnie ma blisko bank. W momencie kiedy wmawia kobiecie, że to jej torebka, otwiera ją i pokazuje

plik banknotów z napisem: tysiąc dolarów. Proponuje, że poczeka
na nią w bramie, a ona pójdzie do banku i przyniesie mu pięćset
dolarów, w zamian za co będzie mogła przywłaszczyć sobie
torebkę z tysiącem dolarów, dopiero w domu uświadamiając
sobie, że nie tylko nie zarobiła pięciuset, ale straciła czterysta
sześćdziesiąt dolarów.

2010 rok, Nowy Jork.
Manhattan to kochanek, który nigdy nie śpi.

Broken Crown

Mumford & Sons

Wychodzę z mojego budynku na 58. i idę w kierunku 7. alei. Jest niedziela i zapada zmierzch. Zbliżam się do 7. i widzę dwie panie i kilkuletnią dziewczynkę. Krążą we trzy wokół latarni i czegoś szukają. Pomyślałam, że coś zgubiły. Mam nadprzyrodzone zdolności odnajdywania zagubionych rzeczy i na pewno im pomogę. „Czego szukacie?" – zapytałam. Jedna z nich pokazała mi brak jedynki w górnej szczęce i powiedziała: „Przechodziłyśmy przez ulicę i w tym właśnie miejscu wypadła mi przednia koronka i szukamy jej już od pół godziny bez skutku. Mam jutro rano przemawiać na sympozjum i jak ja będę wyglądać?" – powiedziała zmartwiona. „Macie panie szczęście, że trafiłyście na mnie – odpowiedziałam. – Mam niesamowite zdolności lokalizowania poszukiwanych rzeczy".

Nagle cicha refleksja: co ja chrzanię? A jeśli nie znajdę? Zaczęłam się rozglądać i po kilku minutach miałam w ręce zgubioną jedynkę. Pożegnałam zdumioną trójkę i skręcając w 59. ulicę, obejrzałam się za siebie. Stały wpatrzone, jak oddalam się, i pokiwały mi niepewnie z niedowierzaniem, ale i z ulgą.

Scream

Michael Jackson

Idę moją 58. ulicą i nagle huk. W odległości około dwudziestu metrów zderzyły się dwa samochody. Z szoferek jednocześnie wyskakuje dwóch facetów i wrzeszczą na siebie. Jest coraz goręcej. Zbiera się grupka gapiów. Podchodzę i widzę, że facet, który stoi do mnie tyłem i krzyczy, sięga po coś do kieszeni. Jestem pewna, że sięga po pistolet. W tym momencie wydobywam z siebie taki krzyk, że wszystkich, którzy stali, i tych, którzy wrzeszczeli, zamurowało. Zaczęłam ich wyzywać od idiotów, kretynów, durniów i jednemu rozkazałam wrócić do szoferki, a drugiemu dzwonić po policję. Posłuchali, a gapie przyglądali mi się z podziwem. Poczekaliśmy wszyscy na policję, a kiedy przyjechała, rozeszliśmy się.

Diamonds Are Forever

Shirley Bassey

Tuż po wojnie zamieszkaliśmy w Gubinie. Jednym z obowiązków moich i starszego brata Leszka było pasienie dorodnej krowy rasy holenderskiej. Lubiliśmy robić to nad Nysą Łużycką, w bujnej soczystej trawie, wśród ogromnych wierzb płaczących. Leszek, wiążąc zwisające witki w solidny supeł, robił mi huśtawkę. Uwielbiałam tę zabawę. Czasami z drugiego brzegu Nysy, która była granicą z Niemcami, słychać było wyzwiska: „Polnische Schweine!", a my natychmiast w rewanżu pokrzykiwaliśmy: „Deutsche Schweine". Zabawiając się w ten sposób, któregoś razu zapomnieliśmy o naszej krowie. Gdzieś się pasła, pasła, pasła, aż w końcu... przepadła.

O zmierzchu przybiegła mama zaniepokojona tym, że jeszcze nie ma nas w domu. We trójkę szukaliśmy krowy i nagle usłyszeliśmy strzały z karabinu maszynowego. Ukryliśmy się w budce strażnika i ze zdziwieniem zobaczyliśmy, że na ziemi stoją dwa wypchane sakwojaże. Leszek do mamy: „Mamo, zajrzyj do środka". Ostrożnie otworzyła pierwszą torbę. W jednej były same słowniki, ale druga była wypchana małymi skórzanymi woreczkami. A w tych woreczkach? Skarby. Brylanty, biżuteria, złote dwudziestodolarówki. „Mamo, weź jeden brylant" – nalegał brat, ale ona kategorycznie odmówiła. Po jakimś czasie przybiegł strażnik i powiedział, że widział naszą krowę, i wskazał miejsce, gdzie jej szukać.

Naszą krasulę znaleźliśmy, a już następnego dnia szeptano w Gubinie, że cztery osoby uciekały przez granicę i dwie z nich

Wyśpiewam Wam Wszystko

zginęły od kul strażników, a pozostałej dwójce udało się zbiec. Ta właśnie czwórka w popłochu porzuciła sakwojaże, które strażnicy wrzucili do budki, a myśmy przypadkowo się na nie natknęli. Co się stało z tymi kosztownościami? Bóg raczy wiedzieć.

1949 rok, Gubin.
Od lewej: brat Leszek, mama z moją siostrą Danusią na rękach, tata i ja.
My cali i zdrowi przed naszą willą na tle muru podziurawionego kulami.

Long Leather Coat

Paul McCartney

Agnieszka Osiecka uwielbiała przyjeżdżać do Nowego Jorku. Zawsze do nas dzwoniła i wpadała do naszego mieszkania na 58. ulicy. Kiedyś weszła w długim do ziemi czarnym kożuszku marzenie. Zaniemówiłam. „Jejku, jakie cudo!" – krzyknęłam. Agnieszka zdjęła kożuch i powiedziała: „Masz go i daj mi byle co, żebym nie zmarzła". Opierałam się, ale było za późno. Przez lata go nosiłam, a ten spontaniczny gest Agnieszki utkwił mi w pamięci bardzo wyraźnie i na zawsze.

● Lata 80., Nowy Jork.
Od lewej: Michał Urbaniak, Ula, Agnieszka Osiecka.
Kocham to zdjęcie. Ma w sobie magię! Natchnienie na Manhattanie.

It Might Be You

temat z filmu „Tootsie"

Podczas jednego z pobytów Agnieszki Osieckiej na Manhattanie zadzwoniła do niej w środku nocy Ela Czyżewska. „Agnieszko, przyjdź do mnie, musisz przyjść" – nalegała. Agnieszka obudzona nie bardzo miała ochotę na wizyty o takiej porze. „Przyjdź koniecznie, jest u mnie Hoffman i Filipinki". Agnieszka pomyślała: Jerzego Hoffmana to ja znam, za śpiewaniem Filipinek nigdy nie przepadałam. Odmówiła Eli i wróciła do łóżka. Następnego dnia spotykają się i Ela zawiedziona opowiada: „Wielka szkoda, że nie przyszłaś, Agnieszko. Był u mnie Dustin Hoffman z czterema Filipinkami".

I Think I Can Beat Mike Tyson

Will Smith

Moje dwie dorosłe córki Kasia i Mika zrobiły sobie niedawno test na inteligencję w internecie. Okazało się, że jedna jest geniuszem, a druga reprezentuje wybitną inteligencję. Postanowiłam przetestować swoją, podejrzewając, że jeśli mam takie wybitne dzieci, to dla mnie już zabraknie półki. Szło mi zmiennie, ale byłam dobrej myśli. Po skończonym teście pojawił się podsumowujący komunikat: „Proszę się nie martwić wynikiem, który świadczy o średniej inteligencji. Pocieszające jest to, że wynik jest o dwa punkty lepszy od wyniku Mike'a Tysona".

Who's That Lady

The Isley Brothers

Była to kobieta, o której Jurek Kosiński dużo mi opowiadał. Węgierska Żydówka, kochanka Goebbelsa, która obracała się w przedwojennej elicie nazistowskich Niemiec. Była aktorką, pisarką, reżyserką i miała kontrakt z niemiecką wytwórnią filmową UFO. Jej brat był naukowcem i założył Instytut Naukowy na Węgrzech. Lilla była zamężna z o wiele starszym od niej baronem i po wojnie wylądowali na Florydzie, w Key West. Pewnego wieczoru, będąc w miejscowej restauracji, przysłuchiwali się gitarzyście, który tam się produkował. W przerwie zaprosili go na drinka do swojego stołu. Od słowa do słowa, Lilla pochwaliła się, że wyprodukowała w Niemczech kilka spektakli swojego autorstwa. Gitarzysta zwierzył się, że on też pisze sztuki. Lilla zaproponowała, że może przeczytać jakąś i jak się jej spodoba, to może pokazać swojej koleżance w Nowym Jorku, właścicielce domu wydawniczego. Tak się stało. „Szklana menażeria" bardzo się w Nowym Jorku spodobała i Lilla została menedżerką Tennessee Williamsa na wiele lat.

Lilla poznała przystojnego Latynosa, pokochała do obłędu i rzuciła dla niego bogatego barona. Natomiast ten przystojniak uciekł na Kubę z trzynastoletnią córką Lilli, którą miała z baronem – kręcił tam pornograficzne filmy z małolatą w roli głównej. Potem uciekli z Kuby do Szwecji, gdzie kontynuowali proceder. Lilla wylądowała w Nowym Jorku i tam poznała Jerzego, który był jeszcze wtedy żonaty z milionerką Mary Weir. Wywiązał się między nimi gorący romans. Namawiała Jurka do napisania książki. Kiedy tylko „Malowany ptak" był gotowy, rozesłała książkę do znajomych pisarzy. Tennessee Williams się nie odezwał, ale Arthur Miller napisał: „Chciałbym, żeby ten ptak zawsze nade mną fruwał".

Lilla marzyła o dziecku z Jerzym i podobno urodziła niezbyt urodziwego, zezowatego synka, którego Jerzy miał się wyprzeć. Po śmierci żony Jurka Lilla była świadkiem tego, jak poznał się z Kiki, swą późniejszą przyjaciółką, a przez ostatnie cztery lata życia również żoną. Jurek był otoczony wianuszkiem kobiet, a Kiki chciała go zdobyć za wszelką cenę. Doświadczona Lilla tak instruowała Kiki: „Pracować dla niego, poświęcać się, dać mu pełną pozorną niezależność. Rób, co ci mówię, bądź cierpliwa, a będzie twój". Lilla miała rację. A potem Lilla ciężko zachorowała na raka i tuż przed jej śmiercią Jurek i Kiki zadzwonili do Tennessee Williamsa, powiadamiając go o jej ciężkim stanie. Powiedział, że nie przyjedzie się z nią pożegnać, bo przed paroma dniami przeszedł traumę związaną ze śmiercią swego długoletniego kochanka, Sycylijczyka Roberto. Jest w żałobie i nie chce już więcej patrzeć na śmierć. „A do tego zawsze pamiętam Lillę jako cudowną, wspaniałą, pełną życia kobietę i chcę ją taką zapamiętać" – podsumował.

Jurek opowiadał o niej z zachwytem. Wspomniał też, że kiedy ukazało się pierwsze wydanie „Malowanego ptaka" z okładką, na której widniał fragment obrazu Hieronima Boscha, poszła plotka, że ta wspaniała okładka sprzedaje książkę. Były telefony do firmy wydawniczej z zapytaniem, gdzie mieszka, jaki adres i telefon ma ten świetny artysta Hieronim Bosch. Przewidywano, że ma szansę na zrobienie kariery w Ameryce.

Let's Call the Whole Thing Off

George Gershwin

Pierwsze słowa wypowiedziane przez Kasię i Mikę były po polsku. Polskie święta, coroczna Parada Pułaskiego na 5. alei, polskie książeczki, przezrocza, longplaye, polskie potrawy. Wszystko po polsku. Kasia poszła pierwsza do szkoły, kalecząc angielski. Wracała do domu z płaczem. Żaliła się, że dzieci się z niej śmieją, a szczególnie chłopcy, przedrzeźniając jej niepoprawny angielski. Zaniepokojona, skontaktowałam się z dyrektorką szkoły, Mrs. Levine. Obmyśliłyśmy strategię podejścia uczniów. Otóż Mrs. Levine zaproponowała, żebyśmy dali z Michałem w szkole minikoncert. Przyszliśmy do szkolnej świetlicy. Miałam tremę życia, Michał też był zdenerwowany.

Dzieci siedziały rzędami na ziemi na dywanie. W pierwszym rzędzie około dziesięciu chłopców. Pani dyrektor przedstawiła nas i zaczęła opowiadać o tym, jak bardzo jesteśmy słynni, wybitni, nagraliśmy tyle płyt i daliśmy tyle koncertów. Pochwała goniła pochwałę, a Kasia siedziała dumna z rodziców. Zaczęliśmy koncert. Już w ciągu pierwszego utworu miało miejsce zniecierpliwione wiercenie się, szczególnie w pierwszym rzędzie. Nagle jeden z chłopców wyciągnął rękę i kciukiem w dół wyraził zupełny brak aprobaty, wręcz niesmaku. Za nim reszta chłopców. Nagle ujrzeliśmy rząd rąk z kciukami w dole. Porażka, dramat, nie udało się. Musiałam przenieść Kasię do innej szkoły.

Ain't No Mountain High Enough

Marvin Gaye

1946 rok, Gubin.
Od lewej: moja mama Maria,
tatuś Franciszek, z przodu brat Leszek i ja.

Kiedy w szkole podstawowej w Zielonej Górze podczas lekcji wydało się, że urodziłam się w Straconce, dzieci śmiały się i drwiąco pytały: „Czy tam w tej twojej Straconce traci się dzieci?". Ze wstydem zapewniałam, że nie, ale i tak mi nie wierzyły. Sytuacja radykalnie się zmieniła, gdy któregoś dnia pani w klasie czytała treny Kochanowskiego i padło imię Orszulka. Wtedy wszyscy spojrzeli na mnie z serdecznym współczuciem, że taka mała, a już umarła. Ależ byłam dumna ze swojego imienia i tak naprawdę też ze swojej Straconki. Najpiękniejszego miejsca na ziemi.

Dom, w którym się urodziłam, stał na wzgórzu i z okna rozciągał się widok na góry. Od balkonu jak okiem sięgnąć rozpościerał się ogród owocowy. Agrest, porzeczki, warzywa, śliwki, jabłonie, czereśnie. Niedaleko, po lewej stronie, stał dom dziadków. Rano podchodziłam do okna sprawdzić, czy moje góry jeszcze stoją, a wieczorem przed snem próbowałam zgadnąć, co dzieje się po ich drugiej stronie. A może są tam kraje rządzone przez dzieci? – kombinowałam. Nikt niczego nie zabrania, można jeść wszystko o każdej porze, iść spać grubo po północy, a picie tranu jest zabronione? Lata mijały i los nas rzucał w inne części Polski, ale wakacje najczęściej i tak spędzaliśmy w Straconce, u dziadków. Zapach siana, wspinaczka na drzewa i zajadanie się czarnymi czereśniami, soczystymi wiśniami, bieganie boso po ściernisku i nieustające marzenie, żeby wreszcie wspiąć się na szczyt gór i sprawdzić, co jest tam, po tej drugiej stronie. Nigdy tego nie zrobiłam, nadal mam to przed sobą...

Pod koniec wojny w okolicach Straconki był front. To rosyjskie, to niemieckie wojska przewalały się przez naszą wioskę i siały spustoszenie. Tatuś na przepustce, na parę dni. W domu oprócz niego kobiety, dzieci i starszyzna. Mama trzyma mnie na ręku, mam półtora roku. Obok stoi o cztery lata starszy ode mnie brat Leszek. Nagle wpada kilku rosyjskich żołnierzy z karabinami maszynowymi. Wybierają ojca, żeby jako znający teren przewodnik przeprowadził ich do swoich, na drugą stronę wzgórza, omijając niemiecki front. Wiadomo, że po wykonaniu zadania obowiązkowo, dla bezpieczeństwa żołnierzy, przewodnik ginie.

Mama oddaje mnie ciotce i błaga, żeby żołnierze pozwolili jej towarzyszyć mężowi. Najpierw się opierają, ale w końcu przystają na pomysł. Rodzice prowadzą żołnierzy pod osłoną nocy, wokół strzelanina... Mimo wszystko bezpiecznie doszli do celu. Jeden z żołnierzy krzyczy: „Uciekać!". Rodzice błyskawicznie znikają w ciemnościach. Tatuś niejednokrotnie wspominał heroizm i odwagę mamy, powtarzając, że to ona uratowała mu życie, bo gdyby poszedł sam, być może nigdy by już nie wrócił.

● 1946 rok, mój dom rodzinny w Straconce.
I mój dom w 2010 roku.
*Płakać się chce. Przyszły buldożery, rozniosły dom w pył,
a teraz jest tam betonowa obwodnica. Bu...*

Wyśpiewam Wam Wszystko

The Other Woman

Nina Simone

Jest rok 1984. Co się dzieje z Michałem? – pytałam siebie. Czy zwariował? Zachowuje się jak pomylony, przestępca, podejrzany. Na każdym kroku kłamie. Znika, nie ma go godzinami, chowa swoją torbę, pilnuje jej zazdrośnie, a jak bierze prysznic, zabiera ją ze sobą do łazienki. Odpowiada półgębkiem i niechętnie. Coś widocznie przede mną ukrywa. Jedzie do Europy na kilka koncertów z Larrym Coryellem, słynnym amerykańskim gitarzystą. Ma wracać w niedzielę. Dzwoni w sobotę z Paryża i mówi, że mają jeszcze dwa dodatkowe koncerty i przyleci w środę. Słyszę, że dzwoni z ulicy, i nagle... rozpoznaję w słuchawce sygnał nowojorskiej straży pożarnej. Michał się rozłącza. Jestem w szoku. Michał jest w Nowym Jorku, a udaje, że jest w Paryżu.

Zbliża się środa. Idę po dzieci do szkoły. Wracamy po piętnastej. Idziemy 5. aleją i skręcamy w prawo w 59. ulicę. Co ja widzę! Michał wsiada do taksówki stojącej przy Central Parku, naprzeciw luksusowego hotelu Plaza. Dzieci go nie zauważają. Udaję, że mi się śpieszy, i biegniemy szybko do domu na 58. ulicy między 6. a 7. aleją. Lecimy 58. w górę, w kierunku 7. alei, a Michał wjeżdża w 58. od 7. Szybko wysiada z taksówki i wchodzi do naszego budynku. Dobiegamy do taksówki. Na taksometrze cena dolar siedemdziesiąt pięć centów. Konfrontacja. Michał tłumaczy, że przesiadł się do innej taksówki, jadąc z lotniska, bo poprzednia się zepsuła. Na bagażach nie ma etykietek. Są przezornie usunięte, bo jest na nich data lotu. Michał na wszystko ma natychmiastową odpowiedź.

Tego wieczoru oglądamy telewizję i nagle jest reklama jasnowidzki-terapeutki o nazwisku Hoffer, a Abby Hoffer to nasz agent muzyczny. Michał szybko zapisuje numer z telewizji i dzwoni do Abby'ego. Okazuje się, że to jego córka. Michał dzwoni do niej i umawia się na następny dzień. Przed wyjściem na spotkanie szuka kasety, żeby nagrać seans. Michał wszystko zawsze nagrywał i nie zawsze odsłuchiwał. Podałam mu dziewięćdziesiątkę Sony. Wrócił zmęczony. Kombinowałam, jak mu podprowadzić tę nagraną kasetę. Następnego dnia dzieci miały pokaz artystyczny w szkole. Poszliśmy razem, a Michał tym razem postanowił nagrać całe show na kamerze wideo. Stałam koło niego, torbę położył na ziemi. Zajęty filmowaniem nie zauważył, kiedy wyjęłam z torby kasetę. Wymknęłam się do klasy Kasi, nałożyłam słuchawki i włączyłam walkmana. Rozmowa była szczera, pełna troski. Michał do jasnowidzki: „Jestem bardzo zakochany i nie wiem, co zrobić, jak mam się rozstać z moją starą żoną". Córka Abby'ego radziła, żeby po rozstaniu brać dzieci na wakacje. Byłam zdruzgotana. Wróciłam po półgodzinie. Michał wciąż filmował. Wsunęłam niespostrzeżenie kasetę do torby Michała. Wytrzymałam do następnego dnia. Na moje zdanie: „Michał, przesłuchałam kasetę i wszystko wiem", krzyknął: „Jesteś bezwzględna. Wiesz, że mam nerwicę i Hoffer zastosowała terapię polegającą na tym, że fantazjowałem, a potem ona interpretowała to, co usłyszała. Nie pozwalasz mi się wyleczyć, wredna franco!". Po długiej tyradzie skapitulował i zaczęliśmy radzić, co robić. „Kocham Lilianę, a bez was nie potrafię żyć", zwierzył się zrezygnowany. Po długich dyskusjach postanowiliśmy ratować małżeństwo.

Przed nami był wyjazd na prestiżowy festiwal jazzowy do Tel Awiwu. Zaproszono tym razem sławne pary muzyczne. Byli brytyjska para Cleo Laine z mężem Johnem Dankworthem, brazylijska Flora Purim i Airto Moreira. Niby wszystko w porządku oprócz tego, że Michał nie chciał się ze mną fotografować. Zdjęcia? Proszę bardzo, ale osobno, oświadczał zdumionym fotoreporterom. Pamiętałam z przesłuchanej kasety, że Michał chwalił się Lilianą, mówił, jaka jest piękna i zdolna, i że w lecie kręci film w Izraelu. Po prostu nie chciał jej drażnić albo chciał zataić przed nią nasz wspólny udział w festiwalu.

Po latach w polskiej restauracji U Tereski w East Village podeszła do mnie pani w średnim wieku: „Ja tak miło panią wspominam. Lata temu pracowałam w hotelu Plaza, a pani z mężem Urbaniakiem mieszkaliście w tym właśnie hotelu. Byliście państwo tacy dla mnie mili i hojni. Bardzo wam za to dziękuję". Uśmiechnęłam się, powiedziałam również kilka miłych słów, a przed oczami stanął mi obraz Michała pakującego się do taksówki sprzed tego hotelu. Nie muszę dodawać, że nigdy nie zatrzymywałam się w hotelu Plaza, bo mieszkałam, i dalej mam to mieszkanie, kilkaset metrów dalej.

Chattanooga Choo-Choo

Glenn Miller

Miasto, do którego wracam z bijącym sercem, to Zielona Góra. Obok liceum, przy ulicy Chopina, było kino letnie Warszawa. Seanse zaczynały się późnym wieczorem i były na ogół dozwolone od lat osiemnastu, czyli wtedy jeszcze nie dla mnie. Bywało, że siadałam pod murem na zewnątrz i słuchałam muzyki filmowej. Potem biegłam szybko do domu i grałam zapamiętaną muzykę na pianinie. Melodie z filmów „Ostatnie akordy" George'a Sidneya czy „Pociąg" Jerzego Kawalerowicza z piękną wokalizą Wandy Warskiej pamiętam do dzisiaj, ale najbardziej w pamięci utkwiły mi melodie z filmu „Serenada w Dolinie Słońca". Grał je wspaniały amerykański big-band Glenna Millera.

Te melodie płynące z głośników tak wysoko, tak daleko wywoływały u mnie dreszcze emocji. To nie to samo co słuchanie tej muzyki w radiu. Wyobrażałam sobie, że tam, za tym murem, jest wielka scena i na niej ten wspaniały big-band, a ja za chwilę wyjdę na scenę i razem z nim zaśpiewam. Wiele lat później moje marzenia się spełniły: w 1987 roku na Umbria Jazz Festivalu w Perugii we Włoszech występowałam z legendarnym big -bandem amerykańskim Gila Evansa.

Święty Jan Paweł II

Emisja kanonizacyjna w czystym srebrze

27 kwietnia 2014 roku to dzień oczekiwany przez wszystkich rodaków, którzy z dumą wspominają jedną z największych osobistości nie tylko w historii Kościoła, ale też w dziejach naszego narodu. Kanonizacja Papieża Polaka zaledwie dziewięć lat po Jego śmierci stanowi niewątpliwie potwierdzenie wielkości i wagi Jego dokonań.

Wyjątkowości pontyfikatu Jana Pawła II nie da się określić kilkoma słowami, Jego dorobek jest wielowymiarowy. Znakomicie uzasadnił to Ksiądz Kardynał Nycz słowami:

„Nie tylko z tego powodu, że jego pontyfikat był jednym z najdłuższych pontyfikatów w dziejach Kościoła. Nie tylko z tego powodu, że dane było temu papieżowi wprowadzić Kościół w III Tysiąclecie (...). Nie tylko dlatego, że był po 400 latach pierwszym papieżem nie Włochem, ale przede wszystkim dlatego, że spuścizna jakościowa, ilościowa tego pontyfikatu w postaci dokumentów, przemówień, encyklik, adhortacji, listów, ale także spotkań, jest tak ogromna, iż powala swoją wielkością i ważnością dla historii Kościoła".

Średnica:	40 mm	
Metal:	rdzeń najczystsze srebro próby 999,99; pierścień uszlachetniony 24-karatowym złotem	
Waga:	15,5 g	
Rok emisji:	2014	
Kraj emisji:	Polska	
Jakość:	Najwyższa jakość mennicza (stempel lustrzany)	

Awers: Popiersie Jana Pawła II w geście błogosławieństwa, nad Jego głową symboliczna aureola świętości
Rewers: Metaforyczne przedstawienie herbu papieskiego oraz napis na otoku upamiętniający kanonizację Jana Pawła II
Limitacja: 25 000 egzemplarzy

Adam Zieliński
– Dyrektor –

4000020636

Piano Man

Billy Joel

W naszym nowojorskim zespole były okresy, w których mieliśmy stały zestaw muzyków, i takie, w których poszczególni muzycy szybko się zmieniali. Kiedy nasz stały pianista Harold zachorował, szukaliśmy nowego. Przyjęliśmy pianistę o nazwisku Vladimir Horunzhy (po polsku Chorąży). Był to młody Rosjanin rokujący duże nadzieje. Od pewnego czasu zaczął narzekać na swoje nazwisko. Zwierzał się Michałowi, że Amerykanie nie potrafią go poprawnie wymówić i często przekręcają. Pewnego razu przyszedł i powiedział: „Mam nowe nazwisko", i wypowiedział je z dumą: „Vladimir Horowitz". Uparł się jak kozioł, mimo że próbowaliśmy go przekonać, żeby szukał dalej.

W Bostonie był sympatyczny klub Paul Small's, w którym czasem graliśmy. Tym razem Michał zadzwonił do właściciela z propozycją zagrania w duecie z pianistą. Właściciel zapytał, kim jest pianista, z którym Michał ma zamiar zagrać. Michał odpowiedział: „Vladimir Horowitz". Po drugiej stronie słuchawki cisza i po chwili nieśmiałe pytanie: „To Vladimir Horowitz teraz w klubach gra?".

Who Are You

The Who

W 1984 roku dostałam propozycję trasy europejskiej
z zespołem słynnego amerykańskiego saksofonisty
Archiego Sheppa. Na trąbce grał Lester Bowie, twórca cenionego
zespołu Art Ensemble of Chicago, na bębnach Don Mumford,
na basie Essiet Essiet, a na pianinie mieszkający w Danii Horace
Parland. Wszyscy czarni jak smoła, a ja wiadomo – blada twarz.
Przyleciałam na próby z Nowego Jorku do Wiednia. Jeszcze nie
wypakowaliśmy nut, a Archie podszedł do mnie i powiedział:
„Nie wiem, czy wiesz, ale wszystkie wokalistki w moim zespole
idą ze mną do łóżka". Zmroziło mnie. Zdrętwiałam, po chwili
odwróciłam się na pięcie i poleciałam z płaczem dzwonić do
mojej ówczesnej menedżerki, Niemki Gabi Kleinschmidt.
Uspokoiła mnie, zadzwoniła do Archiego, żeby się nie wygłupiał
i dał mi spokój. Poskutkowało.

Pierwszy koncert odbył się na wielkim festiwalu w Wiedniu.
Tysiące ludzi na otwartym powietrzu, zespół wychodzi na scenę.
Archie przedstawia wszystkich po kolei, a ja czekam za kulisami.
Zaczyna mówić o mnie, że jestem wybitna, wyjątkowa, nikt
tak nie śpiewa jak ja, panowie i panie, przed wami wspaniała...
i zapomniał, jak się nazywam. Perkusista krzyknął z tyłu do
Archiego: Dudziak, Dudziak! „Panowie i panie, przed wami
wybitna wokalistka Urszula Dubczek", poprawił się.

W tym samym czasie Michał podróżował z Larrym Coryellem
po Europie i planował wpaść na nasz koncert do Monachium.
Zapowiedziałam Archiemu, że mój mąż wpadnie na nasz koncert

i jak go znam, będzie chciał z nami zagrać. I tak się stało. Michał przyjechał, rozpakował skrzypce i zagrał fantastyczne solo. Publiczność znała nas z zespołowych koncertów w tym klubie i nagrodziła Michała gorącymi brawami. Archie ochoczo się wciął i krzyczał do mikrofonu: „Panie i panowie, to wspaniały muzyk dla was grał, wielkie brawa dla Michała Dudziaka". Publika ryknęła śmiechem. Archie nie miał pojęcia dlaczego. Jeśli to mój mąż, to musi być Dudziak, kombinował.

Wracając do grania we Włoszech. Jechaliśmy w tym składzie z południa Włoch do Rzymu, żeby zdążyć na samolot SwissAir, który miał nas zawieźć na koncert w Zurychu. Po drodze straszny korek spowodowany wypadkiem, byliśmy zestresowani perspektywą spóźnienia się na samolot. Nasz techniczny zadzwonił na lotnisko, do SwissAir, błagając o opóźnienie startu samolotu. (Kiedyś Michał włożył nogę w drzwi samolotu, nie dając ich zamknąć, ponieważ Larry Coryell, druga część duetu, spóźniał się na lot, właśnie stojąc w korku; Michał wygrał z drzwiami i z załogą, i Larry zdążył). Nasz roadie tłumaczył w panice, że wiezie światowe sławy – Archiego Sheppa, Lestera Bowie, i jak nie zdążymy na koncert, grozi nam kara czterdzieści tysięcy dolarów. Wiem, że trudno w to uwierzyć, ale samolot poczekał jakieś dziesięć minut. Jakie było rozczarowanie personelu SwissAir, kiedy się zorientowano, że zamiast blondasa Davida Bowie wchodzi do samolotu czarny jak smoła Lester Bowie.

Niejednokrotnie przekręcano moje nazwisko, a czasem imię też. Skopiowałam te pomyłki z kopert adresowanych do mnie.

Ursla Dudzia   *Ursulula*   *Ursula Dzidziak*   *Urszala Urbantaw*

Urswla   Ursual   **Urusula Dguciak**   Urszula Duczlak

Urzuala   **Vrantaw**   *Urdzula*

Who's That Girl

Madonna

● 1976 rok, Nowy Jork.
Danusia z lewej i z prawej Ula.
*Siostra Danusia – o sześć lat młodsza,
bardzo do mnie podobna – często rozdaje
za mnie autografy!*

Boguś Mec hucznie obchodził w Łodzi urodziny. Było dużo gości, między innymi moja siostra Danusia, która specjalnie przyjechała na tę uroczystość ze Szwecji. Danusia ma bardzo dobry głos, jest muzykalna i zna większość mojego repertuaru. Po koncercie telewizyjnym urodzinowe party odbyło się w słynnym klubie Pod Siódemkami. Na scenie gra zespół. Grają standard „On A Clear Day", Danusia nie wytrzymuje, wskakuje na scenę i zaczyna śpiewać. Tłum cichnie, po zakończeniu obsypuje Danusię gromkimi brawami. Jestem z niej dumna. Następny utwór to moja ulubiona ballada „You've Changed". Wskakuję na scenę i śpiewam. W połowie utworu odzywa się głos z tłumu: „Danka, złaź, niech Ula zaśpiewa".

These Boots Are Made for Walking

Nancy Sinatra

Jurek Kosiński uwielbiał kobiety w szpilkach, dlatego szpilek miałam zatrzęsienie. Pewnego ranka, wracając do domu ze szkoły, do której chodziły dziewczynki, zahaczyłam o mój ulubiony second-hand, czyli po prostu o szmateks. W sklepie pusto, tylko ekspedientka i ja. Zanurzam rękę w koszu z szalikami i nagle widzę, że po drugiej stronie sklepu na półce stoją przepiękne, czerwone, bardzo wysokie szpilki. Jerzy się ucieszy, pomyślałam. Robię kilka kroków i nagle porażający huk. Pół metra ode mnie spada na ziemię olbrzymi, żelazny, pierońsko ciężki żyrandol.

Wyszłam, zostawiając za sobą osłupiałą sprzedawczynię. Dopiero siedząc w autobusie, zaczęłam się trząść, zdając sobie sprawę z tego, że byłam krok od tragedii i uratowały mnie szpilki, które „NIE BYŁY PRZEZNACZONE DO CHODZENIA".

History Repeating

Shirley Bassey

Ó sma klasa w szkole przy Wazów w Zielonej Górze. Oceny
nie najlepsze. Dlaczego? Bo marzyłam o śpiewaniu jazzu
i latałam za chłopakami, a oni, jak na przykład bracia Niwińscy,
smarowali mi włosy smołą, jako dowód swojej adoracji. Na trzeci
okres miałam sześć dwój. Moja koleżanka, a raczej „adoptowana
siostra" Jadzia Korcz, przejęta moim zagrożeniem, „wzięła się
za mnie". Dodam, że Jadzia zawsze była prymuską. Wiedziała,
że jestem leń, często rozkojarzona, zajęta chłopakami i muzyką,
ale z pewnością żaden ze mnie tuman. Dzięki Jadzi udało mi się
poprawić wszystko oprócz historii.

   Koniec roku szkolnego... Tego dnia miała się odbyć rada
pedagogiczna decydująca o losie uczniów, szczególnie takich
jak ja. Tak przygotowana miałam historię w jednym palcu.
Wystarczyło mnie tylko przepytać. Jednak nauczycielka historii
Winiarska (pamiętam dobrze jej nazwisko) odpowiedziała
zdecydowanie: „Nie, już za późno. Trzeba się było uczyć grubo
wcześniej". Cała klasa ją prosiła, a Winiarska szła w zaparte...
Przerwa. Wybiegłam ze szkoły zrozpaczona, załamana, zapłakana.
Przed siebie, byleby dalej od szkoły. Nie miałam zielonego pojęcia,
że w tym samym czasie Jadzia pobiegła do mojej mamy, donieść
jej, co się święci. Razem pognały na Wazów, żeby skruszyć
Winiarską. W końcu nauczycielka zgodziła się mnie przepytać.
Rada pedagogiczna za pół godziny, czyli jest szansa, że zdążymy.
Ale, ale... gdzie jest Ula? Cała klasa mnie szuka. Na próżno, bo
ja w tym momencie siedzę w lesie, daleko od szkoły, opłakując
niesprawiedliwość świata.

Ostatecznie na radzie zdecydowano: „Dudziak powtarza klasę".
„Trudno, niech powtarza" – powiedziała mama. „Ale nie w tej
samej szkole" – dodała. W ten sposób wylądowałam w szkole
numer 3 przy Chopina. Historii uczyła mnie mama Jadzi, pani
Korczowa. Miałam u niej zasłużoną piątkę i było o wiele bliżej do
szkoły. Był jednak jeden wielki mankament. Moja kochana Jadzia
chodziła o klasę wyżej, czyli nie chodzimy do tej samej klasy!!!
Pisząc ten tekst, dzwoniłam do niej przed chwilą z pytaniem
o zielonogórski detal. Jak zawsze okazała się niezawodna. Jest
kochana i ma już na zawsze miejsce w moim sercu.

S.O.S.
ABBA

1978 rok, czerwiec, Nowy Jork.
Z mamą.

Kasia, nasza pierwsza córeczka, miała się urodzić z początkiem lipca 1978 roku. Będąc w ciąży, miałam różnego rodzaju zachcianki – kilogramami wcinałam grejpfruty. Michał, żeby mi dogodzić, zamawiał te owoce prosto z Florydy i co kilka dni dostarczano nam do domu skrzynkę świeżo zerwanych, soczystych, słodziutkich grejpfrutów. Pewnego wieczoru, wracając z grania w klubie, dostałam niespodziewanych skurczów. Był to piąty miesiąc ciąży. Wpadliśmy z Michałem w panikę i zamiast do domu pojechaliśmy do szpitala. Tam już czekał mój lekarz Janusz Rejniak, który opiekował się mną od samego początku ciąży. Najpierw zaaplikował mi dużą dawkę morfiny. Poskutkowało na chwilę. Drugie podejście to wlanie mi dożylnie potężnej dawki alkoholu. Poskutkowało na dłużej. Leżałam pijana i cały świat wirował mi przed oczami. Następnego dnia wróciłam do domu z gigantycznym kacem.

 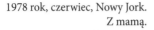

Dostałam zalecenie, by pić butelkę czerwonego wina dziennie przez najbliższe co najmniej dwa, trzy miesiące. Nie znoszę czerwonego wina i dostawałam po nim nieprzyjemnej zgagi. Jakiekolwiek środki niwelujące tego typu dolegliwość – niedozwolone. Ratowały mnie migdały, które jadłam garściami. Michał chodził po sklepach z alkoholem i wybierał dla mnie wina, myśląc, że trafi na jakieś, które mi zasmakuje. Bez skutku. Piłam to jak ohydne lekarstwo. Ponieważ byłam uziemiona, a Michał musiał wyjeżdżać na koncerty, postanowiliśmy sprowadzić do pomocy moją mamę. Udało się załatwić paszport i wizę w ekspresowym tempie i po kilku tygodniach była u nas. Co za ulga. Krzątała się, gotowała, sprzątała, doglądała córki leżącej w łóżku z nogami w górze. Wszystko funkcjonowało doskonale. Lekarz odwiedzał mnie co tydzień i prosił: „Ula, daj mi jeszcze kilka tygodni i wszystko będzie w porządku". Byłam posłuszna.

Mama codziennie znikała na dwie, trzy godziny w Central Parku, taka była jej rutyna i rodzaj odpoczynku, aż pewnego dnia długo nie wracała ze spaceru. Zapadał zmierzch, a mamy nie widać. Michał ze znajomymi poszli jej szukać. Nigdzie jej nie było. Zaczęliśmy się martwić. Czekaliśmy, snując domysły i radząc, co dalej. Nagle zadzwonił telefon z pobliskiego szpitala. Po drugiej stronie mama: „Uleczko, nic się nie stało, tylko się nie denerwuj! Przechodziłam w parku przez jezdnię i samochód mnie drasnął. Nie martw się, proszę, wszystko jest w porządku". Potem słuchawkę przejęła pielęgniarka, tłumacząc, że mamę potrącił samochód i złamał jej nogę.

Późnym wieczorem leżałyśmy koło siebie. Ja z zagrożoną ciążą, mama z nogą w gipsie. Ja donosiłam (doleżałam) ciążę do bezpiecznej daty, a mama wróciła do Polski. Szok, jaki przeżyła, martwiąc się, że nie tylko nie pomoże, ale może zaszkodzić nienarodzonemu dziecku, zostawił ślad na jej psychice. Od tego czasu miała kłopoty z pamięcią i orientacją. Na szczęście miała opiekę w troskliwym i kochającym mężu. Byli małżeństwem pięćdziesiąt osiem lat. Odeszli w 1992 roku, w dwumiesięcznym odstępie.

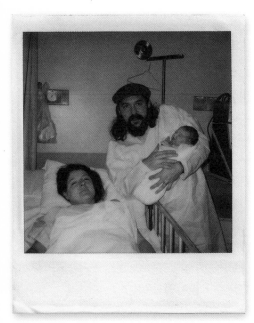

● 1978 rok, Nowy Jork.
Tuż po urodzeniu Kasi w Lennox Hill Hospital.
Michał trzyma Kasię na rękach.
Największy nasz sukces!!! KASIEŃKA!

1982 rok, Miami, Floryda. ●
Michał z Miką (po lewej) i Kasią.
Teraz sukces podwójny, czyli dwie córeczki –
Kasia i Mika. Jak tu się wszyscy kochają!

Like A Virgin
Madonna

Byłam harcerką i często wyjeżdżałam na letnie obozy lub na
zimowiska. Na jednym z nich poważnie się rozchorowałam.
Mama przywiozła mnie do domu, a lekarz skierował do szpitala.
Miałam jedną wielką ranę w jamie ustnej, wargi jak dwa balony,
wszystkie zęby się ruszały. Wyglądało to koszmarnie i bolało
niemiłosiernie. Położono mnie na oddziale wenerycznym
w zielonogórskim szpitalu, w zagrzybionym pokoju na poddaszu,
obok dwóch prostytutek, które klęły jak szewc. Podejrzewano
u mnie jakiegoś nietypowego syfa. Byłam przerażona. Jak to
możliwe? – myślałam gorączkowo. Przecież mam szesnaście lat,
nie spałam z żadnym chłopakiem.

Mama codziennie do mnie przychodziła i przynosiła w słoju
rosołki i rurkę do przełykania. Nie mogłam jeść, tak bolało.
Pewnego dnia przyszła grupa młodych studentów medycyny na
czele z ordynatorem. Rozebrali mnie i zaczęli mnie dokładnie
oglądać i badać. Była to dla mnie trauma trudna do przejścia.
Przyglądali się badawczo moim narządom rodnym, sprawdzali,
czy nie ma objawów choroby wenerycznej. Padło pytanie do
młodych adeptów: co to jest? Nikt nie wiedział. Nagle ordynator
skonstatował: to najordynarniejsza krowia pryszczyca, przenoszona
przez niepasteryzowane mleko od chorej krowy. To publiczne
badanie śni mi się jeszcze po nocach do dzisiejszego dnia.

Kind of Blue

Miles Davis

Rok 1990. Gabi Kleinschmidt, moja niemiecka menedżerka, organizuje trasę koncertową dla mnie z polskim zespołem Walk Away. Bardzo się cieszymy, szczególnie że spotkał nas zaszczyt otwierania koncertu dla Milesa Davisa na wielkim festiwalu jazzowym w niemieckim Freiburgu. Przyjeżdżamy wcześnie, żeby zrobić porządny soundcheck. Gabi już na nas czeka, wszystko gotowe. Zawodowe nagłośnienie i profesjonalne światła. Rozpakowujemy instrumenty i próbujemy dźwięk. Wszystko brzmi fantastycznie. Światła oświetlają nas, a nie oślepiają. Serce rośnie. Gramy cały utwór i już fruwamy, a co to dopiero będzie, kiedy zagramy dla publiczności? Rewelacja! Obok były garderoby.

Miles już był w swojej i może nawet nas usłyszy, zgadywaliśmy podnieceni, może nas pochwali? To Gabi sprowadziła Milesa na festiwal. Może go przez nią poznamy? Po próbie dźwięku Gabi zaproponowała, żebym sama poszła do garderoby Milesa, ona mnie przedstawi, a ja wręczę mu moją nową płytę „Magic Lady" nagraną z Walk Away. Napisz mu coś na swojej płycie, sugerowała. Wymyśliłam dedykację: „To one of a kind Miles – from one of a kind Urszula" (jedynemu w swoim rodzaju Milesowi od jedynej w swoim rodzaju Urszuli). Weszłyśmy razem z Gabi. Przede mną stał sam Miles. Myślałam, że jest wyższy, przeszło mi przez myśl. Gabi mnie pięknie zareklamowała, a ja wręczyłam płytę. Spojrzał na dedykację, zaczęłam coś mamrotać, że go w Polsce kochamy. Spojrzał na mnie bez entuzjazmu i użył jednej sylaby: „Yeah", ze znakiem zapytania. Nie powiedział dziękuję ani do widzenia. Odwrócił się i przeszedł do drugiej

garderoby, obok (ale wziął moją płytę!). Zrobiło mi się głupio
i przykro.

Gabi mnie za niego przepraszała, pocieszała, mówiąc, że on
jest nieprzewidywalny, że ma humory i że nie należy się tym
incydentem przejmować. Łatwo powiedzieć! Zbliżała się godzina
naszego grania. Weszliśmy na scenę i czekamy. Padło hasło, żeby
grać. Zawadka (Krzysiu Zawadzki, perkusista i lider zespołu)
nabił tempo, zaczęliśmy nasz koncert. Schodząc ze sceny po
czterdziestopięciominutowym secie, byliśmy w szoku. Dźwięk
podczas koncertu był na pół gwizdka, światła stały się szarobure,
odsłuchy wyłączone. Przy stole dźwiękowym siedziała ekipa
Milesa. Obsługiwali też światła.

Dowiedzieliśmy się potem, że to był standard w zespole Milesa.
Zespół otwierający nie może za dobrze brzmieć, szczególnie
kiedy dobrze gra. A najlepiej, żeby go było słabo słychać i ledwo
widać. Dla naszej menedżerki to też była niemiła niespodzianka,
a dla nas wielkie rozczarowanie. Zostaliśmy na koncercie Mistrza
i staraliśmy się nie myśleć o sposobie, w jaki potraktowała nas jego
ekipa. Delektowaliśmy się jego wspaniałą muzyką i genialnym
zespołem. Amen.

1989 rok, Warszawa. Zespół Walk Away.
Od lewej: Zbigniew Jakubek, Adam Wendt, Paweł Mąciwoda-Jastrzębski, Ula, Krzysztof Zawadzki, Bernard Maseli.
To były wspaniałe czasy. Zespół rewelacyjny, owacje na stojąco, ZAWSZE!!!

Try to Remember

Tom Jones

Naszym stałym perkusistą jest Artur Lipiński. Bywa jednak, że Artur musi dać kogoś na zastępstwo – Grzegorza Grzyba albo Roberta Lutego. Znamy się wszyscy jak łyse konie, ale... gramy koncert i za Artura gra Robert. Na zakończenie gramy utwór „Zomar Land", w którym muzycznie wszystkich po kolei przedstawiam. Wszystko idzie bez problemu, za chwilę będzie miejsce na zapowiedzenie przeze mnie perkusisty, i nagle – dziura w pamięci. Podchodzę na scenie do najbliżej stojącego Serka, czyli gitarzysty Tomka Krawczyka, i błagalnie pytam, jak ma na imię Grzyb. Serek robi duże oczy i odpowiada: Robert Luty.

Moja ówczesna menedżerka Grażynka Miśkiewicz tłumaczyła mi czasami, żeby pójść na proszone promocje, przyjęcia, otwarcia nowych miejsc, pokazy mody, bo warto się od czasu do czasu pokazywać. Na przyjęcie, o którym opowiem, wyposażyła mnie w przystojnego Radka, narzeczonego jednej z pracownic firmy, którą zarządzała. No dobrze, powiedziałam. Ładnie się ubrałam i poszłam z Radkiem na przyjęcie do ambasady francuskiej. Mieszkam niedaleko, przy placu Unii Lubelskiej, ambasada znajduje się pięć minut ode mnie, na ulicy Bagatela. Na przyjęciu było wielu VIP-ów, między innymi Waldemar Dąbrowski.

Posadzono mnie tuż obok ambasadora. Byłam zachwycona jego angielszczyzną. Przedstawił mi swojego bardzo rozmownego przyjaciela z Londynu Jacka i było bardzo miło. Potem kolacja. Mięso źle przyprawione, do tego frytki, sałata i coś tam jeszcze. Byłam rozczarowana jedzeniem. Pomyślałam, że Francuzów powinno być stać na bardziej wyszukane potrawy. Kiedy ambasador dowiedział się, że jestem fanką tenisa, zaraz się pochwalił, że tuż obok ambasady, praktycznie w ogrodzie, jest trawiasty kort, tak jak w Wimbledonie, i chętnie się ze mną umówi na grę.

Następnego dnia jestem na lunchu u znajomych. Wchodzi Waldemar Dąbrowski i witając się ze mną, mówi żartem: „Dawno żeśmy się nie widzieli, wczoraj w ambasadzie angielskiej, a teraz znowu tu się widzimy". W pierwszej chwili myślałam, że się przejęzyczył, ale za chwilę zrozumiałam, że to jest szczyt mojego roztargnienia. Byłam na przyjęciu w ambasadzie brytyjskiej, a nie francuskiej. Jeszcze nieraz dałam plamę tego typu.

Będąc w Nowym Jorku, zaprosiłam gości na wigilię. Robię pyszny barszczyk, którym się niejednokrotnie chwaliłam. Goście siedzą za stołem, biorę garnek z barszczem do ręki, w drugiej trzymam sito. To ma być barszczyk czysty. Bez zastanowienia przecedziłam cały barszcz do zlewu. Goście mojego barszczu nie spróbowali i cały wieczór mnie pocieszali. Mam uraz do barszczu i teraz na wigilię gotuję pyszną grzybową, a ona nie wymaga sita, bo podaję ją z grzybami.

Wyśpiewam Wam Wszystko

Nowojorska polka

Michał Urbaniak

G dy mieszkaliśmy w Nowym
Jorku, co roku organizatorzy
Jazz Jamboree w Warszawie
namawiali nas na przyjazd
i występ. Baliśmy się. Byliśmy
poniekąd własnością państwowej
agencji artystycznej Pagart, a tam
wciąż zmieniali się dyrektorzy
i co pewien czas straszono
nas, zarzucając samowolne
opuszczenie kraju. Słyszeliśmy
od znajomych, że po powrocie
dostaniemy za swoje. Wiosną
1985 dostaliśmy amerykańskie
obywatelstwo i mieliśmy
zapewnioną protekcję i powrót
do Nowego Jorku. Zdziwiłam
się, że Michał na zaproszenie
na Jazz Jamboree w tym właśnie roku
odpowiedział kategorycznym: nie. Nie
tłumaczył się zbytnio, a ja byłam zła, bo mogliśmy przyjechać
z gigantami takimi jak Kenny Kirkland, Marcus Miller i Omar
Hakim. Mieliśmy w Polsce tysiące fanów, którzy mogli nas
usłyszeć w tak rewelacyjnym składzie.

fot. Klaus Mümpfer

1982 rok, Niemcy, Baden-Baden. Vocal Summit.
Od lewej: Jay Clayton, Bobby McFerrin, Jeanne Lee, Ula.
*Unikalny zespół, muzyka czasami genialna,
a Bobby nieziemski!*

W tym samym czasie moja niemiecka menedżerka organizowała
koncerty zespołu wokalnego Vocal Summit, który powstał
w niemieckim Baden-Baden trzy lata wcześniej. Producent

Joachim-Ernst Berendt organizował coroczne muzyczne spotkania na szczycie, w 1982 roku wybrał według niego pięciu najlepszych wokalistów na światowym rynku i nazwał to Vocal Summit. A w skład wchodzili: Jay Clayton, Amerykanka z Seattle; Jeanne Lee z Nowego Jorku; Lauren Newton z Niemiec; Bobby McFerrin z San Francisco i ja z Warszawy przez Nowy Jork. Śpiewaliśmy na prestiżowych festiwalach europejskich i nagraliśmy dwie płyty w różnych składach. W ramach tej grupy Bobby i ja mieliśmy swój duet, który był clou naszego programu. Śpiewało nam się razem fantastycznie. Kiedy zadzwoniłam z płaczem do siostry Danusi w Szwecji, że Michał nie chce jechać do Polski na Jazz Jamboree, Danusia mnie ochrzaniła. „Co ty się trzymasz tego Michała jak dziecko spódnicy mamy! Jedź na festiwal do Warszawy z Bobbym w duecie!" O jejku, to genialny pomysł, odkrzyknęłam. Natychmiast wykonałam telefon do Bobby'ego. „Nigdy nie byłem w Polsce. Jadę", odpowiedział.

Zbliżała się jesień, a z nią data wyjazdu. Zaproponowałam wspólny wyjazd Shirley Conover, żonie słynnego Willisa Conovera, który przez lata nadawał z Waszyngtonu słynną audycję „Jazz Hour" dla fanów jazzu zza żelaznej kurtyny, czyli między innymi dla nas. Będziesz moją menadżerką – zdecydowałam. Bardzo się ucieszyła. Napięcie rosło z dnia na dzień. Raz sobie wyrzucałam lekkomyślność, głupotę, a za chwilę czułam, że stoję na czubku świata i śpiewam, i cały wszechświat mnie słyszy i podziwia. Czy zwariowałam? Przecież tam, w Polsce, czekają na nasz najlepszy zespół, na Michała, a ja kretynka jadę w duecie z wokalistą, choć wspaniałym, to mało znanym w Polsce.

1985 rok, Warszawa, Sala Kongresowa, Jazz Jamboree. Bobby McFerrin i Ula.
Ach, co to był za koncert!!!
Nigdy go nie zapomnę i pamiętam z detalami!

● Na scenie w Kongresowej. Ja i Bobby.
Bobby ma luz, a ja w panice.
Żeby tylko wytrwać do końca, please!

● Bobby i ja w szatni po koncercie.
Nareszcie można się wyluzować. Bobby zachwycon
że w Polsce ludzie tak kochają wokal.

Nie sypiałam po nocach, byłam kłębkiem nerwów. Trzy dni
przed wyjazdem do Warszawy straciłam głos. To było coś, czego
nigdy przedtem nie doświadczyłam. Moja bliska przyjaciółka
Ewa Zadrzyńska poleciła mi masaż stóp, tak zwaną refleksologię.
Jej mama Danusia Zadrzyńska była ekspertem w tej dziedzinie.
Poszłam do niej. Wzięła mnie w obroty. Krzyczałam wniebogłosy
i prosiłam o gorzałkę. Nie jest to polecane, ale inaczej się nie
dało. Miałam dobrze w czubie, ale po dwugodzinnej torturze
odzyskałam głos. Tak się tym przejęłam, że poszłam na kurs
refleksologii i jestem dyplomowaną masażystką stóp. Miałyśmy
z Shirley kupiony bilet na Polskie Linie Lotnicze LOT. Po
odprawie na lotnisku Kennedy'ego skierowano nas do pojazdu,

 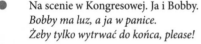

który miał nas podwieźć pod sam samolot. Staliśmy w czymś, co przypominało wagon tramwajowy ze skórzanymi pętelkami -trzymankami, ale bez okien. Było ciasno i większość pasażerów stała. Miałam sporo ręcznego bagażu, a koło mnie było miejsce do siedzenia. Shirley szybko zasugerowała, żebym je zajęła, odpowiedziałam, że nie, że postoję. A ona na to: przecież nie będziesz stała przez dziewięć godzin. Shirley myślała, że ten wóz Drzymały to jest polski samolot, którym polecimy do Warszawy. Do dziś się uśmiecham, jak o tym pomyślę.

Następna scenka: siedzę w garderobie Sali Kongresowej. Są przy mnie Shirley, moja siostra Danusia, która przyleciała ze Szwecji podtrzymywać mnie na duchu, i Bobby. Mój partner jest w dżinsach i swetrze. Leciał z Wiednia i zgubiono jego bagaż. Trzęsę się jak osika. Trema gigant. Modliłam się, żeby nie stracić głosu, a po chwili modliłam, żeby stracić go. Sala Kongresowa wypełniona po brzegi. Jan Ptaszyn Wróblewski wyszedł na scenę, żeby nas zapowiedzieć, a ja w ryk. Danusia mnie tuli, Shirley usiłuje uspokoić, a Bobby jest przerażony. Z oczu poleciały mi czarne od mascary łzy. Pośpiesznie zaczęto mnie pudrować i za chwilę przy burzy oklasków wchodziliśmy z Bobbym na scenę.

Pamiętam ten koncert jak przez mgłę. Byłam spięta, wpatrzona w Bobby'ego. Opierałam się na nim, pilnie obserwowałam i wsłuchana w niego usiłowałam dać z siebie jak najwięcej. W pewnym momencie Bobby jak gdyby chciał mi dać odetchnąć, zaśpiewał długie piękne solo. Ktoś z publiczności wrzasnął: „Ula, nie daj się!". Potem ja solo z moimi maszynami i ostatni utwór już razem. Publiczność szalała. Mieliśmy mikrofony bezprzewodowe, więc zeszliśmy na dół, do publiczności. Znowu bisy, brawa, owacje na stojąco. Na środku sceny wylądował opasły kosz z dwusetką róż. Po dziś spotykam ludzi, którzy byli na tym koncercie i pięknie go wspominają.

Mam swoją teorię, że ten koncert mnie uratował. Nie wiem, skąd znalazłam siłę, żeby podchwycić sugestię siostry, pojechać do Warszawy i zaśpiewać. Chyba czułam podświadomie, że ten koncert ustawi mnie psychicznie na resztę mojego życia. Od tego czasu wiedziałam, że będę śpiewać długo. Czułam tak niesamowitą energię od publiczności tego wieczoru, powiedziałabym nawet, że to była miłość piękna i bezwarunkowa. Pamiętam piosenkę Toma Jonesa „Green, Green Grass of Home" mówiącą o jego powrocie do domu, który jest otoczony czereśniowym sadem, a na progu tego domu stoi i czeka jego matka. Po koncercie przyszła do nas gromada znajomych, gratulowali, całowali, ściskali. Bobby był zdumiony, że w Polsce ludzie tak reagują na wokalny jazz.

2011 rok, Warszawa, Sala Kongresowa. Ula i Bobby.
Po koncercie Bobby'ego.
Na zawsze połączyła nas miłość do... muzyki.

Whistle While You Work

Frank Churchill

Środek lata 1987. Po festiwalu w Perugii (Umbria Jazz Festiwal), gdzie występowałam z big-bandem Gila Evansa, i po nagraniu koncertu z tego festiwalu ze Stingiem wsiadłam w samolot i przez Rzym, Londyn poleciałam do Waszyngtonu. Organizator dużego festiwalu jazzowego w tym mieście zaprosił mnie, żebym wystąpiła solo z moimi elektronicznymi przystawkami. Był moim wielkim fanem i uważał mnie za prekursorkę nowego stylu wokalistyki. Zaoferował mi olbrzymią sumę jak na tamte czasy – pięć tysięcy dolarów od koncertu. Miałam zaśpiewać pierwszego i drugiego dnia festiwalu. Czyli miałam wracać do domu z gigantyczną sumą dziesięciu tysięcy dolarów. Jest ambitnym i hojnym organizatorem, pomyślałam.

Od kiedy pamiętam, moją elektronikę nazywam kuchnią. Gotuję, przyrządzam najprzeróżniejsze potrawy, mieszam przyprawy, kombinuję i nigdy nie wiem, dokąd zmierzam. Czasami się zachwycam, czasami mi nie idzie i tak naprawdę nie wiem, gdzie leży klucz i od czego to wszystko zależy. Jak wypadnę w Waszyngtonie? Nie miałam pojęcia. Ląduję i jestem zaniepokojona, ponieważ samolot z Londynu spóźnił się dwie godziny. Miałam śpiewać na otwarcie festiwalu i kiedy dotarłam na miejsce koncertu, na dużej scenie grał ośmioosobowy zespół funkowy, do tego żeński zespół wokalny. Wszyscy czarni jak smoła, grali niesamowicie. Cały festiwal na otwartym powietrzu w olbrzymim parku Dupont. Na wielkiej polanie siedzi kilka tysięcy widzów i wszyscy czarni. Piją piwo i palą marihuanę, niektórzy tańczą. Wszyscy rozbawieni, jakby w ekstazie. Tuż po tym rewelacyjnym zespole na scenę wchodzi organizator, zapowiada mnie jako objawienie w wokalistyce jazzowej i żeby było jeszcze ciekawiej, mówi: „I wyobraźcie sobie, że ona jest z Polski!". Wzięłam mikrofon do ręki i przeżegnałam się w myśli, przeczuwając trudne, wysokie schody. Zaczęłam od smętnej „Po tamtej stronie góry". Po pierwszym utworze złowroga cisza. Szybko zaczęłam drugi i nagle zaczęto krzyczeć: „Go back to Poland!!!". I śmiechy. Śpiewam i kurczę się w środku, nie wiem, co robić! Nagle tuż obok ląduje pusta puszka po piwie, za chwilę druga, trzecia, jest ich coraz więcej. Rozpaczliwie szukam wzrokiem organizatora. Nie wiem, czy dokończyć utwór, czy uciekać.

Uciekłam z płaczem i powtarzałam w kółko jak papuga, że chcę natychmiast jechać do domu. Byłam zrozpaczona. Nigdy czegoś podobnego nie przeżyłam. Organizator uspokajał mnie chyba przez godzinę. Tłumaczył, że gdybym występowała pierwsza, kiedy publiczność jest jeszcze trzeźwa i nie „zadragowana", byłoby zupełnie inaczej. Uwierzyłam mu i następnego wieczoru wystąpiłam jako pierwsza. Nie było burzy braw ani bisów, ale przynajmniej nikt mnie nie zrzucał ze sceny.

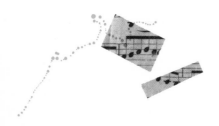

Dziwny jest ten świat

Czesław Niemen

D wie bardzo aktywne Polki zamieszkałe w Nowym Jorku, Jola Koman i Elżbieta Święcicka, postanowiły zorganizować wielką polsko-amerykańską imprezę pod nazwą New York's Polish Extravaganza na Manhattanie. Styczeń roku 1986, miejsce świetne, bo bardzo znane. Studio 54 w samym centrum Manhattanu. Miejsce to gościło celebrytów z całego świata. Tańczyło się tam do rana przy świetnej muzyce, piło, paliło i brało różnego rodzaju używki. Z Polski na ten koncert przyjechali: Maryla Rodowicz, Małgosia Ostrowska, Czesław Niemen, Andrzej Rosiewicz, Bernard Kafka, była też Agnieszka Osiecka. Gościem specjalnym był George Benson, a grał zespół Michała Urbaniaka ze świetnymi muzykami, m.in. Lennym White'em i Marcusem Millerem. Koncert prowadziła Liliana Komorowska. Były tłumy, publiczność polsko-amerykańska.

Zapamiętałam go z trzech powodów. Po pierwsze, byłam bardzo zestresowana, bo śpiewałam między innymi piosenkę Agnieszki Osieckiej „I'm Much Too Busy To Cry" (Nie mam czasu na płacz) i panicznie się bałam, że zapomnę tekstu. Po drugie, dałam się „obrobić" wizażystce, która uczesała mnie w kok „przystrojony" siwizną. Wyglądałam staro i ponuro. Trzeci powód ściskał mnie za gardło i z trudem trzymałam się w pionie. Miałam garderobę w piwnicy. Było tam chłodno, ciemno i głucho. Natomiast na górze, blisko sceny, była piękna obszerna garderoba ze skórzanymi sofami, na stole pyszności, lał się drogi szampan. W tej luksusowej garderobie rządził mój mąż Michał (nie mieliśmy jeszcze rozwodu) ze swoją ukochaną Lilianą. Oczywiście był też tam Benson i nowojorscy muzycy. Czułam się sponiewierana, odrzucona, przegrana. Michał zakochany po uszy bał się ślubu z Lilianą i cały czas jej tłumaczył, że nie chcę dać mu rozwodu, co było nieprawdą. Kiedyś Liliana się zdenerwowała i zadzwoniła do mnie: „Dlaczego nie chcesz dać Michałowi rozwodu? Ty masz już wszystko za sobą, a ja dopiero zaczynam!”. Zamurowało mnie. Pamiętam, że nic nie powiedziałam, odłożyłam słuchawkę i w ryk.

Liliana miała wtedy niecałe trzydzieści, a ja czterdzieści trzy lata. Mój adwokat rozwodowy pukał się w głowę, kiedy namawiałam go, żeby nie walczył o kasę od Michała, bo przecież on biedny. A kiedy mu oświadczyłam, że rozwód ma być uznany z naszej wspólnej winy (namówił mnie do tego Urbaniak, twierdząc, że jeśli się wyda, że Liliana rozbiła nasze małżeństwo, może mieć w przyszłości problemy z otrzymaniem obywatelstwa amerykańskiego), to o mało nie spadł z krzesła. Adwokat chciał zasądzić Michała o alimenty – dla dzieci trzy, a dla mnie dwa tysiące dolarów miesięcznie. Oburzyłam się i kazałam mojemu adwokatowi zejść do tysiąca dolarów tylko dla dzieci. Adwokat nie mógł się nadziwić mojemu myśleniu i uznał mnie za unikalny przypadek, z którym się nigdy przedtem nie spotkał.

Już po naszym rozwodzie i po ślubie Michała z Lilianą wchodzę na przyjęcie do znajomych i widzę, jak Michał na kolanach czołga się po podłodze i krzyczy: „Gdzie jest obrączka?!”. Liliana w tym samym czasie kuca koło niego, wali w niego pięściami i wrzeszczy. Właśnie przed chwilą w bardzo głośnej kłótni zdjęła ostentacyjnie obrączkę, rzuciła ją gdzieś między meble, a Michaś postanowił ją zlokalizować i odzyskać. Kiedy zobaczyłam Lilianę szarpiącą Michała za te przerzedzone włosy, mało brakowało, żebym nie stanęła w jego obronie. Wygląd Liliany i jej sukces (grała wtedy jedną z głównych ról w bardzo popularnej amerykańskiej operze mydlanej „As The World Turns”) pogłębiały i wyolbrzymiały moje już i tak ogromne kompleksy. Nic dziwnego, że mnie mąż

1985 rok, Nowy Jork, Polish Extravaganza w Studio 54.
Od lewej: Maryla Rodowicz, Czesław Niemen, Andrzej Rosiewicz, Ula i Małgosia Ostrowska.
Ale tu ściemniam, że jest mi dobrze. W sercu miałam żal i smutek, ale dobrze gram, prawda?
A może kiedyś wreszcie zagram w filmie?

zostawił, myślałam, przecież ona taka piękna, zdolna, cały świat
stoi przed nią otworem, a ja? Brzydka, niedouczona, stara, jazz
to muzyka niszowa i ten mój sukces wcale mi się nie należy,
a w ogóle to za chwilę się wyda, że nic nie umiem. To nie to co
sukces w telewizyjnej telenoweli, którą oglądają miliony.

Nie zapomnę też innej scenki. Michał i Liliana zabrali Kasię
i Mikę na kilka dni do domu wypoczynkowego Watra w północnej
części stanu Nowy Jork. Była też tam Zuza Głowacka, córka
Ewy i Janusza Głowackich. Ewa i ja postanowiłyśmy pojechać
i odwiedzić córki. Podjeżdżamy, wysiadamy z samochodu,
a niedaleko siedzi Liliana z Miką na kolanach, a Kasia siedzi blisko
i czyta. Mika mnie zauważyła – pokiwała rączką, odwróciła się
tyłem do mnie i przytuliła do Liliany. Kasia natomiast podleciała
i rzuciła mi się na szyję. Starałam się zrobić wszystko, żeby
ujarzmić wulkan, huragan emocji i nie dać po sobie znać. Udało
się. Mika była Lilianą zafascynowana – też chciała być aktorką
i grać w filmach. Teraz wiem, że z niektórych przedmiotów,
na przykład jak nie wplątywać dzieci w nasz konflikt, zdałam
egzamin na piątkę, ale były i takie, które boleśnie oblałam.

Let It Snow

Sammy Cahn

W nowojorskiej telewizji zapowiadali, że lada moment spadnie bardzo dużo śniegu. Budzimy się rano, a tu cisza jak makiem zasiał. To niemożliwe!!! Żadnych hałasów, szumu, samochodów. Przez noc cały Manhattan pokrył się grubą warstwą śniegu i wszystko stanęło. Najwygodniej można było się poruszać na biegówkach. Kto miał narty, wyjmował je i prześlizgiwał się ulicami Manhattanu. Co to była za ulga. Zupełnie inny świat, potulny, zrelaksowany, bez pośpiechu, bez nerwów. Kasia i Mika z kolegami i koleżankami postanowili na śniegu zarobić pieniądze. Na wystających antenach samochodów, które były całkowicie przysypane śniegiem, przyczepiały numer telefonu z dopiskiem, że mogą odśnieżyć samochód za dwadzieścia dolarów. Zarobiły niezłą kasę.

Lata później załapałam się na manhattański blackout. Robiłam wtedy zakupy. Nagle wszystko zgasło i stanęło. Pod wieczór rozdawano jedzenie, ponieważ lodówki nie działały cały dzień. Ludzie poczuli się wolni. Setki osób z piwem w ręku na ulicy, co jest zabronione. Palacze w ekstazie. Palili wszędzie, obnosząc się ze swoim nałogiem. Nikt nie protestował. U nas na 58. ulicy w lobby część lokatorów usiadła na dywanie, z piwem w ręku, i tak siedzieliśmy, gadając godzinami. Nareszcie poznałam sąsiadów i sprawdzałam swoją formę fizyczną, wdrapując się schodami na dziesiąte piętro. W czasach kryzysu ludzie się do siebie bardzo zbliżają i okazują dużo serca.

Teach Me Tonight

Frank Sinatra

Okazjonalnie udzielam lekcji wokalnych, tak zwanych master classes, czyli „klas mistrzowskich". Każdy z wykładowców ma swoją metodę przekazywania doświadczeń. Ponieważ nie mam pojęcia o emisji głosu, nie udaję, tylko mówię wprost: nauczę was tego, co sama najlepiej umiem. Niejeden profesor śpiewu „dotykał" mojego aparatu głosowego i na ogół uciekał gdzie pieprz rośnie. Albo ja uciekałam. Dziwili się, że nagrywam płyty, i na ogół radzili mi przestać wydawać dźwięki na rok, a potem zacząć wszystko od nowa. Mówili, że wszystko robię źle. To, co ma być napięte, zwisa (mięśnie w gardle), a to, co ma wisieć, ciągle tonie. Tylko jeden Chińczyk Steven Cheng (a jego dobrze pamiętam!) był zafascynowany moim głosem i biadolił, że używam tylko czterdziestu procent swojego skarbu. Brał sto pięćdziesiąt dolarów za godzinę (może dlatego tak mnie chwalił) i obiecywał, że jeśli będę go słuchać, to mogę śpiewać do stu lat.

Mój garb stał się moim żaglem. Musiałam w tej niemocy prawidłowego śpiewania znaleźć metodę na okiełznanie mojego głosu, własną furtkę, by wyjść na ogromną polanę możliwości tego cudownego, najbliższego sercu instrumentu. Była to walka na śmierć i piękne spełnione życie. Po tylu latach wiem, że znalazłam to, czego szukałam. Opowiadam moją historię z głosem studentom, rozpakowując moją elektronikę, pokazuję, jak sobie ją podporządkowuję i jak z niej korzystam.

Jeden taki cykl spotkań utkwił mi wyraźnie w pamięci. Było to w szwajcarskiej Lucernie w konserwatorium z wydziałem wokalistyki jazzowej. Miałam ośmiu studentów. Na jednej

z lekcji rozpakowałam swoją „kuchnię" i nagrałam na niej swoim głosem rytmiczny podkład muzyczny. Następnie poprosiłam, żeby każdy ze studentów po kolei coś z tym zaimprowizował. U każdego było słychać inspiracje gigantów jazzowych: Elli Fitzgerald, Cassandry Wilson czy Bobby'ego McFerrina. Zarządziłam następną kolejkę, ale przedtem poprosiłam, żeby studenci zaśpiewali zupełnie inaczej. Mówiłam do nich: zadziwcie siebie, nas tu wszystkich, cały świat. Zaśpiewajcie tak, jak nigdy jeszcze nie zaśpiewaliście. Nie posługujcie się żadnym wzorem, zapomnijcie o ulubionych frazach, ulubionych wokalistach, śpiewacie po raz pierwszy w życiu. Zostawiłam ten sam podkład muzyczny, poradziłam zamknąć oczy i dałam pierwszej studentce sygnał do śpiewania. Po chwili skupienia dziewczyna zaczęła jodłować. Śpiewała dziwnie, pięknie, przekazując głębokie emocje. Potem następny wokalista, i tak po kolei każdy odnajdywał swój głos. Było to piękne misterium, zgłębiające wrażliwe dusze tych młodych ludzi. Pod koniec cisza i szloch ze wzruszenia. Miałam z tej lekcji dużą satysfakcję i jeszcze do dzisiaj dostaję listy od niektórych studentów.

A teraz inna historia dotycząca mojego zdziwienia i odkrycia. Po wyjeździe do Nowego Jorku każde wakacje i święta spędzaliśmy u mojego brata Leszka w Szwecji, niedaleko Göteborga, bliżej Boras, w malutkiej wiosce Rydal. Mój brat kupił sobie przed laty dom nad rzeczką Viskan (my nazwaliśmy ją Szeptula) z ogromnym polem i kilkuhektarowym lasem. To miejsce kojarzy się moim dorosłym już dzieciom z pięknym beztroskim dzieciństwem, a mnie z moim miejscem urodzenia, Straconką w Beskidzie Śląsko-Żywieckim. Miałam wtedy już zestaw elektroniczny i zaczęłam się nim bawić. Przyjechaliśmy z Michałem i dziećmi do Leszka. Ja się zamknęłam z moją elektroniką w pokoiku na poddaszu z sielankowym widokiem na pole i las. Dziećmi zajmowali się moi rodzice, siostra i brat,

a ja zajmowałam się sobą i moją muzyką. Byłam zupełnie
w innym świecie. To, co potrafiłam wydobyć z moich strun
głosowych i z elektronicznych zabawek, fascynowało mnie,
czarowało, pochłaniało bez reszty. Po tygodniu zorientowałam
się, że skomponowałam osiem utworów. Wszystkie kompozycje
zaaranżowałam na głosy i zapamiętałam wszystkie wymyślone
partie. Byłam w szoku. Jak to możliwe? Przecież nie znam się na
elektronice i jestem w tej materii przysłowiową nogą. Nie umiem
komponować ani aranżować, a do tego mam bardzo słabą pamięć.

Tę historię też opowiadam studentom. Tłumaczę im, że bardzo
często sami się ograniczamy, coś sobie wmawiamy, ktoś nam
przylepił jakąś szkodliwą, brzydką łatę i tak żyjemy w fałszywej
świadomości, a przez zapomnienie o swoich nieprawdziwych
ograniczeniach, tak jak w moim przypadku, odkrywamy w sobie
zupełnie kogoś nowego i tacy już na szczęście zostajemy. Przez
to moje piękne, oczyszczające doświadczenie w Rydal powstała
moja ulubiona solowa płyta dedykowana Jurkowi Kosińskiemu
„Malowany ptak".

Money

Pink Floyd

W latach sześćdziesiątych mieszkałam w Warszawie przy Noakowskiego 10. Właścicielką mieszkania była przedwojenna szlachcianka, pani Nierojewska. Jej piękny sześciopokojowy apartament podzielono na kilka klitek z jedną wspólną łazienką. W naszym wynajętym pokoju mieszkaliśmy we czwórkę. Były dwa łóżka i jeden duży fotel. Ja spałam z bratem Leszkiem, który drapał się niemiłosiernie i każdego ranka był zdziwiony, że jego żrą pluskwy, a mnie nie. W drugim łóżku mieszkał Baluza, czyli basista Janusz Kozłowski, a w fotelu spał puzonista Dymitr „Jimek" Markiewicz. Baluza nie miał kasy na materiały fotograficzne (kochał robić zdjęcia), ale miał za to małą kwadratową wanienkę do wywoływania zdjęć. W tej właśnie wanience myliśmy się wszyscy, codziennie, po kolei. Naprzeciwko w jednym pokoju mieszkała jakaś straszna baba z trojgiem dzieci. Darła się na nie bez przerwy. Dzieci też się darły. Była to orkiestra wrzasku. Baluza ćwiczył na basie, Jimek na puzonie. Wściekła sąsiadka otwierała drzwi i chlustała w nas pomyjami. Brat w rewanżu regularnie pluł jej do zupy, którą gotowała codziennie w korytarzu tuż przy naszych drzwiach na małej elektrycznej kuchence.

Śpiewałam wtedy w kawiarni Pod Gwiazdami na rogu Hożej i Marszałkowskiej, oraz w kawiarni Nowy Świat, gdzie grał zespół jazzowy z Michałem Urbaniakiem na saksofonie. Śpiewał jazzujący Marek Tarnowski, śpiewała Fredka Elkana, Marianna Wróblewska i ja. Tam po raz pierwsza otarłam się o mojego przyszłego męża Urbaniaka.

Był to okres, w którym czasami brakowało nawet kasy na jedzenie. Szłam długim korytarzem w Polskim Radiu przy Myśliwieckiej. Naprzeciwko mnie piękna, seksowna Kalina Jędrusik, z torebeczką pod pachą i długą papierosową fifką w dłoni. Byłam bez grosza i w zbliżającej się do mnie diwie nagle ujrzałam ratunek. Zdecydowanym, ale łagodnym głosem powiedziałam: „Pani Kalino, nazywam się Urszula Dudziak. Przyjechałam do Warszawy z Zielonej Góry. Czy mogłaby mi pani pożyczyć dwieście złotych?". Zaskoczona Kalina automatycznie sięgnęła do torebeczki i wyjęła dwie setki, wręczając mi je bez słowa. Odeszła, a ja przez jakiś czas stałam zaskoczona, wiedząc, że Kalina uratowała mnie przed niechybną głodówką. Kasę oddałam po dwóch miesiącach, ale ilekroć później spotykałam Kalinę Jędrusik, stawało mi przed oczami nasze pierwsze spotkanie.

● 1990 rok, Warszawa. Z Kaliną Jędrusik.
Zaczęło się od małej pożyczki...

Rich Girl

Gwen Stefani

Lata siedemdziesiąte. Jedziemy naszym dziewięcioosobowym dodge'em busem na koncert z Nowego Jorku do Filadelfii. Z tyłu siedzi zespół, prowadzi Michał, ja siedzę koło niego. Przez całą drogę ćwiczyłam tak zwaną skalę, czyli wyśpiewywałam różne dźwięki. Michał nie gorszy, też sobie coś podśpiewywał. Dojechaliśmy na miejsce i rozlokowaliśmy się w hotelu. Michał wyjął przenośne małe pianinko i zapisał na papierze nutowym swoje mruczenie i moje ćwiczenie. Najpierw nazwaliśmy ten utwór „Bucket Of Joy", czyli wiadro radości. Potem, jadąc Broadwayem, zauważyliśmy napis reklamujący napój: „Papaya King". Później wycięliśmy kinga i została sama „Papaya". Nagraliśmy ją dla firmy płytowej Arista, z którą miałam wtedy kontrakt płytowy. Najpierw był zachwyt całej firmy, potem cisza i tak naprawdę nie mieliśmy pojęcia, co jest grane. Nagle gruchnęła wiadomość, że prezydent Aristy Clive Davis jest zachwycony „Papayą" i chce ją wylansować na światowy hit. Zorganizował spotkanie wszystkich najważniejszych pracowników firmy, żeby im zaprezentować potencjalny przebój. Zapisałam wtedy w pamiętniku:

26 września 1975, piątek, Nowy Jork

W ubiegły piątek odbyło się spotkanie ludzi Aristy. Spotkanie prowadził sam prezydent Clive Davis. Zagajał po amerykańsku, czyli wszystko i wszystkich wychwalał. Na sali było około trzystu osób. W pewnej chwili zaczął mówić o najnowszych artystach i nagraniach. Trzęsłam się jak osika. Dziwne to, bo śpiewając dla tysięcy osób, nie mam tremy, a tu nagle taka panika. Przy każdej zapowiedzi typu: wspaniała śpiewaczka o niespotykanej barwie, skali głosu i technice, dziwiłam się, że to o mnie chodzi, i do tego takie nerwy. W końcu uspokoiłam się. Zagrano z taśmy „Papayę". Brzmienie było fatalne, przesterowane. Potem na hasło bossa Clive'a wstałam i wszystkim pokazałam twarz. Byłam jak w innym świecie. Muszę się do tego przyzwyczaić. Potem w kuluarach gratulowano nam na potęgę i ucięliśmy sobie krótką pogawędkę z saksofonistą Anthonym Braxtonem, którego Miś nie znosi. Słucham radia i czatuję, kiedy zagrają „Papayę", ale na razie ani widu, ani słychu.

W różnych odstępach czasu docierały do nas wiadomości. Na przykład w Meksyku sprzedało się dwadzieścia tysięcy płyt w ciągu tygodnia, „Papaya" stała się hitem we Włoszech, na Hawajach i w Meksyku. Przychodziły coraz lepsze wiadomości. W Meksyku „Papaya" jest na pierwszym miejscu na liście przebojów, we Włoszech i na Hawajach na drugim. Płyta sprzedaje się rewelacyjnie. Sprzedaliśmy już pół miliona! – trąbili rozentuzjazmowani PR-owcy z Aristy. Jednak po pewnym czasie, jak to bywa z hitami, zainteresowanie zmalało i wydawało się, że czasy naszego przeboju bezpowrotnie minęły. Kilka dekad później, w marcu 2008, jestem w Szwajcarii i usiłuję nauczyć się jeździć na nartach. Jestem góralką i wstyd bierze, że nie umiem szusować. Siedzę sobie w pięknym drewnianym domu mojej gościnnej koleżanki Nataszy i odbieram telefon. Z drugiej strony podekscytowany głos spikera. Czy to pani Urszula? Tak, odpowiadam. Czy pani wie, co się dzieje z „Papayą"? A co ma się dziać?, odpowiadam. Niech pani wejdzie do internetu i w YouTube wstuka hasło „Papaya", to się pani przekona. Weszłam i zbaraniałam. Setki wideoklipów z naszym utworem, a na widok żołnierzy ćwiczących musztrę i na sygnał „Papai" rzucających karabiny i tańczących do tego utworu autentycznie się rozpłakałam.

To był początek wielkiego comebacku napisanego z Michałem przeboju. Okazało się, że zaczęło się od telewizyjnego show w Manili, na Filipinach. Nagrodą za dobrą odpowiedź był taniec z utworem „Papaya". Podobno Filipińczycy myśleli, że śpiewam ten utwór po polsku. Natomiast dziwiło nas i dotychczas dziwi, dlaczego nie mamy z tego tytułu wyjątkowych kroci. Wynajęliśmy z Michałem adwokatów, ale okazało się, że sprawa jest bardzo skomplikowana. Utwór był nieprawidłowo zarejestrowany, my jako nowicjusze popełniliśmy dużo licencyjnych formalnościowych błędów. Dzisiaj jest przeszło dwustu kompozytorów podszywających się pod nasz utwór i odkręcanie tego może potrwać długie lata. Moje powiedzenie „bogata na stare lata" jest nieaktualne, ponieważ jeszcze mam czas się zestarzeć, a siebie uważam za młodą kobietę z długim stażem.

Don't Worry, Be Happy

Bobby McFerrin

Od lat jestem odpowiedzialną osobą, jeśli chodzi o badania okresowe. Od kiedy pamiętam, przestrzegałam terminów mammografii czy ogólnych periodycznych badań. Od czasu do czasu miałam groźne przeczucie, że pewnego dnia stanie się coś złego. Ponieważ często mam katastroficzne myśli, znalazłam ostatnio prosty sposób, żeby się ich szybko pozbywać. Najpierw starałam się dosłownie wypluć złą myśl, a teraz mówię do siebie, że to nie moja myśl. Ta niedobra właśnie przyszła z zewnątrz i próbuje udawać, że to ja ją wygenerowałam. Mówię wtedy głośno: „To nie ja", i już się nie boję, i już się nie martwię. Takie proste i działa. Moja starsza córka Kasia wytłumaczyła mi, jak to się dzieje, że ludzie po alkoholu się zmieniają, a niektórzy bardzo. Otóż my mamy energetyczny pancerz ochronny, który nas chroni przed negatywnymi energiami, które krążą wokół nas i tylko czekają na odpowiedni skok (w szczelinę). Otóż po wypiciu alkoholu, nawet najmniejszej dawki, w pancerzu powstają dziury i te złe energie przedostają się do naszego organizmu. Część z nich umieszcza się tuż za gałką oczną, dlatego też człowiek wstawiony ma dziwny, nieswój wzrok. Wtedy te energie rządzą nami, a to nie jest najmilsza perspektywa. No, ale wracam do tych złych, niepokojących myśli.

Wiosną 2008, będąc w Nowym Jorku, posłuchałam rady mojej przyjaciółki Ani i zrobiłam sobie termograficzne badanie piersi. Ania, która wie wszystko o wszystkim, przestrzegła mnie przed popularną mammografią, jeśli ma się wybór, a ja miałam. Lekarka po przejrzeniu wyników groźnie na mnie spojrzała i ostrzegła: zalecam dalsze badania, bo coś niedobrego się dzieje w lewej piersi. Było to kilka dni przed powrotem do Warszawy. Po powrocie do kraju wpadłam w wir zajęć i badania zeszły na drugi plan. Na koncert w Poznaniu w Teatrze Nowym postanowiłam pojechać pociągiem, a zespół ze sprzętem busem. W wagonie restauracyjnym spotkałam Marzenkę Rogalską, która mnie poznała ze swoją koleżanką, ginekolog Ewą Ginek, która właśnie przechodziła obok nas.

Podróż przeleciała błyskawicznie, tak nam się miło rozmawiało. Zagadnęłam Ewę o termografię i po wymianie informacji na temat mojego wyniku zaprosiłam Ewę na mój koncert, a Ewa mnie – na USG do szpitala, w którym miała dyżur następnego dnia. Była niedziela. Potwierdziły się obawy lekarki z Nowego Jorku. Zespół wrócił następnego dnia do Warszawy, a ja zostałam na dalsze badania, czyli mammografię i jeszcze raz USG w Poznaniu. Lekarz od USG nakrzyczał na mnie. Powiedział, że nie rozumie, jak mogłam dopuścić do urośnięcia guza do takich rozmiarów, że kobiety z zabitej wsi się nie badają, ale ja? Zalecił natychmiastową biopsję. Ewa była ze mną cały czas i pilnowała mojego stanu psychicznego. Biopsja i za parę godzin wynik. Rak złośliwy w lewej piersi. Ewa wykonała telefon do profesora Pawła Murawy, który był jej wykładowcą na studiach, a teraz operował na Oddziale Chirurgii 1-szej Wielkopolskiego Centrum Onkologii w Poznaniu.

Następnego dnia, we wtorek o ósmej rano, byłam w szpitalu. Profesor Murawa usunął mi guza wielkości dwóch centymetrów i węzły chłonne tak zwane wartownicze. Z niedzieli na poniedziałek, czyli godziny przed diagnozą, spałam w pokoju gościnnym Teatru Nowego i miałam dziwny, a może proroczy sen. Stałam w odległości kilkudziesięciu metrów i przyglądałam się, jak płonie samochód. Przez dach tego samochodu wyskoczyły trzy osoby, które się paliły i uciekały. Ja stałam i zastanawiałam się, jak mogę i czy w ogóle mogę im pomóc. Do dziś nie wiem, co to miało znaczyć. W szpitalu obchodzono się ze mną jak z jajkiem, miałam cudowna opiekę, odwiedzały mnie kochane koleżanki z Poznania i rodzina z Warszawy, przyjechała też zaniepokojona kochana siostra Danusia ze Szwecji, ale spieszno mi było albo do domu, albo na scenę. Dałam radę, czyli cztery dni po operacji stałam na scenie we Wrocławiu. Po tygodniu wróciłam do Poznania po wyniki. Profesor Murawa był rzeczowy: rak piersi złośliwy, jeden węzeł chłonny (wartowniczy) zakażony. Od pani zależy decyzja. Ja na pani miejscu usunąłbym pierś. Tydzień później profesor amputował mi pierś i wyciął resztę węzłów chłonnych. Wszystko działo się szybko, podejmowałam decyzję błyskawicznie, prowadzona przez instynkt i palącą potrzebę pozbycia się przeszkody i zagrożenia.

W tym czasie moja córka Kasia była w klasztorze w prowincji Syczuan w Chinach, by zgłębiać filozofię i tajemnice medycyny chińskiej. Kiedy dowiedziała się o mojej chorobie, przyleciała do Warszawy przez Nowy Jork. Zaopatrzona w dziesiątki książek na temat raka i karton suplementów wylądowała na lotnisku w Warszawie tydzień po mojej operacji, czyli 7 maja. W Chinach pięć dni później miało miejsce katastrofalne trzęsienie ziemi – w prowincji Syczuan, gdzie mieszkała Kasia, straciło życie kilkaset tysięcy osób, a po klasztorze, w którym była, nie ma śladu.

Badanie PET, czyli skanowanie całego ciała w poszukiwaniu przerzutów, dało wynik negatywny. Pozostała decyzja co do sposobu leczenia. Wysłałam moje wyniki, dokąd mogłam. Od Instytutu Karolinska w Sztokholmie po klinikę Mayo w USA. Jednogłośnie radzono chemię i hormonoterapię. Byłam zdecydowana na jedno i drugie, ale jak zaczęłyśmy z Kasią czytać lektury na temat raka i leczenia, terapii, zaczęłam mieć wątpliwości. W internecie chłonęłyśmy wszystkie możliwe informacje. Włamywałyśmy się do programów dostępnych tylko dla lekarzy. Słowa Kasi: „Mamo, zrobisz, co uważasz za stosowne, ale ja zadbam o to, żebyś decyzję podejmowała świadomie. Musisz wiedzieć jak najwięcej o chorobie i o sposobach leczenia". Miałam nie lada zagwozdkę. Z lektur i internetu wynikało, że dziewięćdziesiąt procent chorób jest spowodowanych złą dietą, skażonym środowiskiem i stresem. Czyli jeśli zrozumiem, czemu zachorowałam i co zrobić, żeby wyzdrowieć, to mam wróbla w garści. Tak, ale czy jest możliwe tak się zmienić? Tak dogłębnie, prawdziwie?

Miałam zacząć chemioterapię w poniedziałek, a trzy dni wcześniej zadzwoniłam do lekarza i powiedziałam, że rezygnuję z chemii. Lekarz był bardzo zaniepokojony. Wysłał mi SMS-a, że ja się znam na śpiewaniu, a on na leczeniu, nie radzi mi leczyć się po swojemu i życzy sobie jeszcze długo mnie słuchać na żywo. Wyrzuciłam arimidex (hormony, które miałam brać przez najbliższych pięć lat) do śmieci i postanowiłyśmy we trzy – Kasia, Mika i ja – pojechać do makrobiotycznego Instytutu Kushi w Massachusetts w USA na kurs i terapię. Po drodze zahaczyłyśmy o Baltimore, gdzie byłam na konsultacji u eksperta od chińskiej metody odnowy ciała i ducha poprzez specjalną gimnastykę zwana qigong. W Kushi byłyśmy przez dwa tygodnie. Pobudka o szóstej rano, gimnastyka, makrobiotyczne śniadanie, wykłady, lunch, ćwiczenia, znowu wykłady, nauka gotowania, konsultacje. O dwudziestej pierwszej w łóżku. Moim pierwszym odruchem było mówić o mojej chorobie, ale postanowiłam poczekać. John Kosinski, mój konsultant w Kushi, poradził, żebym zachowała to dla siebie. Uznał, że przez ujawnienie choroby w tym momencie tworzy się wokół mnie niezdrowy byt, tym bardziej że odmówiłam konwencjonalnego leczenia. Radził poczekać i sama odczuję, kiedy będę gotowa.

Uważam, że minęło wystarczająco dużo czasu (wkrótce będą cztery lata) i jestem silna, i wierzę, że jestem zdrowa, żeby opowiedzieć o mojej walce z chorobą. Jeśli pomogę organizmowi, będę o niego dbać, to on też będzie mnie chronił. Wychodzę z założenia, że wszystkie choroby są uleczalne, ale nie wszyscy pacjenci. Nie jest łatwo zdrowo żyć. Cały czas trzeba być czujnym. Z przerażeniem doszłam do wniosku, że to, co nas otacza, to, co nam oferują w sklepach, to, co reklamują w telewizji, w większości jest szkodliwe dla naszego zdrowia, jakby ktoś nas nie znosił i chciał nas wykończyć. Kiedy wchodzę do supermarketu (tylko żeby popatrzeć), mogę na palcach policzyć produkty w miarę zdrowe. Szkoda, że ludzie tego nie widzą i o tym nie wiedzą. Odpowiedź? Nie mają czasu, ochoty i nie zdają sobie z tego sprawy.

Dziś czuję się fantastycznie. Zmieniłam swoje życie i traktuję swoją chorobę jako przestrogę i sygnał, że muszę szanować, pokochać siebie i swój organizm. Po przejściu na makrobiotykę schudłam dziesięć kilogramów i tak trzymam. Z mięsa jem tylko ryby, też nie wszystkie i tylko ze znanego źródła. Dużo warzyw, ryżu, przeróżne fasole, grochy, owoce (rodzime), kiełki, glony, orzechy, śladowe ilości nabiału (dwa jajka ekologiczne tygodniowo i masło przetopione ekologiczne, zero cukru). Jak jestem w Warszawie, zawsze korzystam z bardzo zdrowych i pysznych potraw z Macro Bios Baru przyrządzanych przez ekspertkę od zdrowego żywienia Kornelię Westergaard. Dwa razy w tygodniu chodzę na fitness i ćwiczę pod okiem instruktora, co najmniej raz w tygodniu przez dwie godziny gram w tenisa, skaczę na trampolinie, jeżdżę na rowerze, nie mam samochodu i dużo spaceruję. Kiedy kładę się spać, dziękuję za piękny dzień, choć nie zawsze był piękny, budzę się rano i dziękuję za piękny ranek, bo jest zawsze piękny.

Well, You Needn't

Thelonious Monk

Organizatorzy koncertu dedykowanego gigantowi jazzu Theloniousowi Monkowi zaprosili wielu wybitnych muzyków – wymienię kilku: Dizzy Gillespie, Ron Carter, Herbie Hancock, Branford i Wynton Marsalis, Gerry Mulligan, Jon Hendricks, Percy Heath – do wzięcia udziału w pięknej gali, która się odbyła w Centrum Kennedy'ego w Waszyngtonie 6 października 1986 roku dla czterech tysięcy osób. Koncert był filmowany dla PBS, pokazywany w telewizji niejednokrotnie, transmitowany w radiu na całe Stany i prowadzony przez znanych i lubianych Debbie Allen i Billa Cosby'ego. Byłam bardzo zaskoczona, że również zostałam zaproszona. Ci wszyscy artyści to najwyższa półka i znaleźć się w ich gronie to prestiż, wyróżnienie i odpowiedzialność. Nie mogłam spać, straciłam apetyt i zastanawiałam się, kiedy wreszcie pozbędę się tego syndromu: chciałabym, a boję się.

Przygotowałam z moimi maszynami utwór bohatera koncertu Theloniousa Monka „Well, You Needn't", pożyczyłam srebrny żakiet od koleżanki i z drżącym sercem pojechałam do Waszyngtonu. Na próbie spotkałam tych wszystkich wspaniałych muzyków, a szczególnie jednego, którego bardzo dobrze pamiętam z lat siedemdziesiątych – Herbiego Hancocka. To właśnie z jego zespołem Head Hunters podróżowaliśmy po Stanach jako tak zwany opening act. Otwieraliśmy koncerty dla tego znanego zespołu i lubiliśmy się bardzo. Po koncertach w hotelu siadaliśmy z Herbiem we dwójkę w lobby i gadaliśmy godzinami. Namawiał mnie na buddyzm i twierdził, że jest to jedyne wyjście, żeby ochronić swoją wrażliwą duszę artysty przed nieprzyjaznym światem.

Od tego czasu minęło osiem lat. Jesteśmy razem na próbie i Herbie zaprasza mnie tego dnia na kolację. Poszliśmy do eleganckiej restauracji i nie mogliśmy się nagadać. Wiedział, że rozeszłam się z Michałem, nie krył zdziwienia i pytał, jak to się stało. Pod koniec kolacji powiedział mi coś, co mnie bardzo zdziwiło i po czym doszłam do wniosku, że nie znam się na facetach i w ogóle ich nie czuję. Powiedział, że wtedy, kiedy podróżowaliśmy razem, był we mnie dziko zakochany i dowiadywał się od znajomych, jaka jestem. Jedyną odpowiedzią, jaką dostawał, było to, że Ula jest nie do wyjęcia. Był bardzo piękny wieczór, pełen opowiadań, anegdot, wspomnień. Po kolacji pożegnaliśmy się jak para starych dobrych przyjaciół, a ja przypominałam sobie po kolei różne drobne incydenty, które po tym wieczorze zwierzeń nabrały nowego znaczenia. Następnego dnia odbył się koncert. Mój występ został gorąco przyjęty, a ja po staremu, zamiast jeszcze raz się ukłonić, na brawach poczekać i znowu się ukłonić (oglądałam to kilkakrotnie z taśmy i za każdym razem mnie to denerwuje), szybko uciekłam ze sceny.

Publiczność była wystrojona, panie w długich sukniach, a panowie w smokingach. To byli ci Amerykanie, o których Michał opowiadał mi po wizycie w Stanach w 1962 roku. Miał wtedy osiemnaście lat, grał z zespołem Andrzeja Trzaskowskiego The Wreckers i jako pierwszy jazzowy zespół zza żelaznej kurtyny zostali zaproszeni do Stanów. Pierwszy lot samolotem, wizyta w słynnych klubach, słuchanie Coltrane'a czy ukochanej śpiewaczki Michała Dinah Washington. Zespół był w Stanach przez sześć tygodni. Mieli otwarty bilet na Stany i mogli lecieć, gdzie chcieli. Mieszkali w luksusowych hotelach, mogli kupować tyle płyt, ile mogli unieść, a na koniec wizyty zostali zaproszeni do Białego Domu przez sekretarza stanu Deana Ruska. Michał opowiadał z zachwytem, jak pili szampana z dwóch kolorowych

fontann na tym przyjęciu i jak Dean Rusk podał Michałowi rękę
na przywitanie, a Michał zamiast wyuczonego „How do you
do" powiedział „High Fly", a to był tytuł utworu, który grali na
prestiżowym Newport Jazz Festival kilka dni wcześniej. Poznałam
Michała w 1963 roku, godzinami opowiadał o podróży, która
kompletnie zmieniła jego życie. Od tego czasu miał jedyny cel –
pojechać do Stanów ze swoją muzyką i tam na dobre zaistnieć.
Jego marzenia zaczęły się spełniać, kiedy wysiedliśmy na lotnisku
Johna F. Kennedy'ego w Nowym Jorku 11 września 1973 roku.

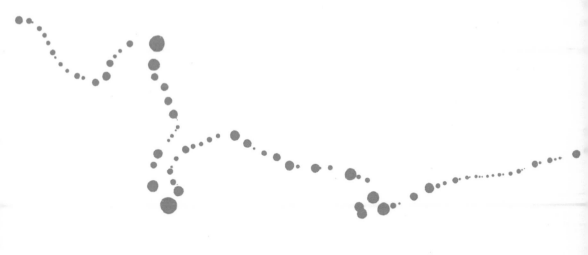

W żłobie leży

Katleen Battle

Był maj 1996 roku. Byłam w Nowym Jorku, dostałam telefon z firmy płytowej Sony, proszono mnie o pomoc. Otóż znana na całym świecie ciemnoskóra sopranistka Kathleen Battle nagrywała płytę z kolędami z różnych stron świata. Jedną z kolęd, które wybrała, była polska „W żłobie leży" – chciała ją zaśpiewać po polsku, a ja miałam jej pomóc w prawidłowej wymowie. Zgodziłam się bardzo chętnie. Zawieziono mnie do Abyssinian Church na 138. ulicy w Harlemie i tam poznałam Wspaniały Głos. Niewysoka, drobna, z rozbrajającym uśmiechem powitała mnie w progu. Usiadłyśmy na ławce z tyłu kościoła i zaczęłyśmy ćwiczyć prawidłową wymowę i dykcję. Szło dosyć ciężko. Już sam początek „W żłobie leży" sprawiał jej trudności. Po godzinie było już nieźle. Poprosiłam, żeby spróbowała zaśpiewać. Już po pierwszym takcie wiedziałam, że coś jest bardzo nie tak. Nie z wymową, ale z melodią. Ta kolęda jest bardzo popularna i znamy wszyscy jej poprawną melodię, mimo że nagminnie fałszujemy. Zapytałam, skąd zna tę kolędę. Odpowiedziała, że z rosyjskiej orkiestracji i że ktoś spisał melodię, którą grał flet. Ktoś, kto „wyłuskiwał" ją z symfonicznego aranżu, myślał, że jest na właściwym tropie.

Kathleen zaproponowała, żebym zaśpiewała prawidłową melodię, a ona ją zapisze. Na środku kościoła na specjalnie wybudowanym podwyższeniu stał piękny fortepian Steinway, cudo. Kathleen siadła do fortepianu, a ja obok niej. Zaczęłam śpiewać. Najpierw zaśpiewałam całą melodię a capella, czyli bez akompaniamentu. Takiego brzmienia, dźwięku nie słyszałam. Miałam najpiękniejszy głos na świecie i niebiański pogłos, aż sama się zdziwiłam. Potem śpiewałam jej po kilka taktów, a ona zapisywała w nutach melodię, którą jej przed chwilą nuciłam. Na koniec zaśpiewała, upewniając się, że dobrze spisała melodię ze słuchu.

To, co usłyszałam, wywołało u mnie gigantyczne dreszcze – to było coś przepięknego. Byłam dogłębnie poruszona i pomyślałam, że tak może zaśpiewać tylko Anioł. Kathleen długo dziękowała – i nie tylko mnie, bo jej producent, który wpadł na pomysł skontaktowania się ze mną, miał u niej wielki dług wdzięczności.

Hit the Road Jack

Ray Charles

fot. Christian Niederbacher

● 1996 rok, Austria, Wiedeń, klub Porgy and Bess. Vienna Art Orchestra. *Wspaniały zespół, rewelacyjna, nowatorska muzyka, fantastyczna organizacja tras po Europie, Azji, Ameryce, Kanadzie. Każdemu życzę takiej przygody!*

Austriacki big-band Vienna Art Orchestra uchodził za jeden z najlepszych w Europie i był w czołówce światowej. W jego skład wchodzili najlepsi muzycy z całej Europy. Kiedy zaproponowali mi współpracę, mieli na koncie kilkadziesiąt płyt i istnieli od blisko dwudziestu lat, choć skład się zmieniał nieraz. Charyzmatyczny lider Mathias Rüegg, świetny aranżer i znakomity organizator, kochał swoich muzyków i traktował ich z wielkim szacunkiem.

Jesienią 1996 roku Mathias zadzwonił do mnie do Nowego Jorku z propozycją zagrania wspólnej trasy. Bardzo się ucieszyłam

i za parę tygodni dotarłam do małej miejscowości Bruck an
der Leitha niedaleko Wiednia, w której miały się odbyć próby
zespołu. Miasteczko czarujące, hotelik sympatyczny, po prostu jak
w bajce. Po wieczorze zapoznawczym – trzeba przyznać, nieźle
zakrapianym – na którym rządziłam, muzycy orzekli, że bez
względu na to, jak śpiewam, i tak mnie już kochają. Próby trwały
od rana do wieczora w miejscowej sali koncertowej. Codziennie
obfity i smaczny catering, a wieczorem obowiązkowa balanga,
ale bez przesady, bo rano musiałam być wypoczęta, gotowa do
wyczerpujących prób. Po tygodniu byliśmy gotowi ruszyć w świat.
Trasa obejmowała koncerty w Europie, Ameryce, Kanadzie,
Japonii. Przed wyjazdem każdy dostał książeczkę-przewodnik.
Na okładce zdjęcie jakiegoś słynnego jazzmana. Ja miałam Billie
Holiday. Były tam daty wyjazdów, przyjazdów, miejsca noclegów,
miejsca koncertów, adresy, telefony organizatorów, kursy walut,
mapy miast, spis utworów, które graliśmy, nawet mapy metra. Był
też spis wszystkich muzyków i ich dane, telefony, adresy. Właściwie
każdy dostawał po dwie książeczki, a jedną z nich zostawiał
w domu dla rodziny, z tą różnicą, że ta do pozostawienia w domu
nie wyjawiała sumy wynagrodzenia. Muzycy zarabiali różnie. Ci
najstarsi stażem dostawali najwięcej. Każdy miał wyznaczoną
funkcję pozamuzyczną w zespole. Był zawsze ktoś odpowiedzialny
za porządek i bezpieczeństwo nut. Ktoś inny miał dopilnować,
żeby wszyscy rano wstali i nie spóźnili się do autobusu, na pociąg
czy na samolot. Był też ktoś, kto liczył wszystkich w autobusie lub
w pociągu. Ja byłam pielęgniarką z dobrze zaopatrzoną apteczką
(najbardziej chodliwe były aspiryna i alka seltzer).

Hotele pięciogwiazdkowe, pociągi w pierwszej klasie, catering
imponujący. W garderobie czekały zimne zakąski i ciepłe jedzenie,
kawy, herbaty i desery, a z alkoholi: koniaki, whiskacze, wina
białe i czerwone, piwa. W Europie podróżowaliśmy pociągami.
Wieczorem z hotelu brano nasze bagaże, które były pakowane do

samochodu wielkości wagonu kolejowego, a w nim: nagłośnienie, oświetlenie i sprzęt ekipy filmowej. Samochód gigant jechał całą noc lub kilka godzin w zależności od dystansu i docierał do miejsca naszego następnego koncertu. W olbrzymim, długim transporterze było też małe renault dla ekipy, gdyby nie można było podjechać tą „stonogą" pod hotel. Jak przyjeżdżaliśmy pociągiem następnego dnia na miejsce, nasze walizki czekały w pokojach. Rano braliśmy tylko kosmetyki i piżamę, wsiadaliśmy do pociągu z małą walizeczko-kosmetyczką i jechaliśmy do hotelu w następnym mieście. Szoferka to miejsce na cztery osoby – czyli dwie ekipy i dwa łóżka. Parę rzeczy było zabronionych, na przykład nie wolno było pić alkoholu przed koncertem, ale już po – hulaj dusza. Na trasie inaugurującej dwudziestolecie VAO jeździło z nami: osiemnaście osób big-bandu, dwóch nagłośnieniowców, czterech roadiech (tour menedżerów), czterech ekipy filmowej, czterech kierowców, czyli w sumie ponad trzydzieści osób. Agencja VAO z Mathiasem na czele przygotowywała taką trasę przez cały rok. Tak zorganizowanych tras nie widziałam nigdy przedtem. W jazzowym środowisku taki sznyt był nie do pomyślenia. Pamiętam, jak przylecieliśmy na koncert do Toronto. Było upalnie, co nie zdarzało się w tamtym klimacie. Zawieziono nas do hotelu bez klimatyzacji. Mathias powiedział organizatorowi, że jak nie będzie hotelu z chłodzeniem, to nie zagramy. Organizator stanął na głowie i dostaliśmy taki hotel, jaki chcieliśmy. W innych zespołach w podobnych sytuacjach lider śpi w luksusach, a muzycy wprost przeciwnie.

Ale zdarzały się wpadki. Pamiętam, jak organizator wyszedł na scenę z kwiatami dla wokalistki, a jeszcze mieliśmy grać finałowy utwór. Zespół po krótkiej konsternacji zaczął mi grać „Happy Birthday". Na festiwal w szwajcarskim Montreux przyjechaliśmy dzień wcześniej. Poszłam na koncert zespołu Herbiego Hancocka The New Standard i usiadłam w pierwszym rzędzie. Na scenie

Herbie, z którym miałam pamiętne spotkanie w Waszyngtonie
w 1986 roku. Zaczęli grać. Usłyszałam muzykę najpiękniejszą na
świecie. Po kilku utworach Herbie mnie zobaczył i zaczął do mnie
kiwać i zapraszać na scenę, żebym zaśpiewała z jego zespołem.
Zabrakło mi odwagi, stchórzyłam i przez to nie mogę powiedzieć,
że zaśpiewałam z Herbiem na żywo. Jesteśmy natomiast
razem na płycie „Music For Planets, People And Washing
Machines" nagranej na Florydzie. Na scenie obok Herbiego
grał legendarny basista Dave Holland, na bębnach wybitny Jack
DeJohnette, świetny gitarzysta John Scofield i cudownie grający
i superprzystojny Mike Brecker, który... spotkał mnie na 5.
alei w 1985 roku i zagaił w następujący sposób: „Od dłuższego
czasu obserwuję twoje małżeństwo z Michałem i tak dobranej
pary nigdy nie spotkałem. Poradź mi. Zakochałem się w mojej
terapeutce. Boję się żenić, mam jakąś paranoję z tym związaną.
Ty, doświadczona żona, powiedz, mam się żenić czy nie?". Ale
trafił, pomyślałam. Właśnie dwa dni wcześniej dowiedziałam
się, że Michał ma inną kobietę, i świat mi się zawalił. Po krótkim
zastanowieniu odpowiedziałam: „Kochasz ją, to się żeń. Każdy
związek jest tak naprawdę loterią i nie wiemy, co nas czeka i z kim
dzielimy życie. Siebie też nie znamy. Ciesz się tym, co masz teraz,
i nie myśl, nie kombinuj za dużo. Go for it, baby!" – zakończyłam.

Transportowiec jeżdżący z Vienna
Art Orchestra. W środku sprzęt
plus mały renault do szybkiego
transportowania ekipy.
*To nie jest transport
i ekipa monodramu!*

Rats

Pearl Jam

Nasza sąsiadka
z naprzeciwka na 58.
ulicy w Nowym Jorku sprzątała
swoje mieszkanie na dziesiątym
piętrze. Wyjęła do wymycia
kratkę wentylacyjną znajdującą
się wysoko pod sufitem i nagle
przez otwór wentylacyjny
wskoczył do jej mieszkania
szczur. Wszyscy w Nowym
Jorku wiedzą, że pod nami
mieszka ich miliony. Niektórzy
żartują, że gdyby wybić
nowojorskie szczury, to miasto by
się zapadło. Nie myślimy o tym za
często, ale i nie przepadamy za ich widokiem.

1986 rok, Nowy Jork.
Mika z naszym pupilkiem, szczurkiem Saudi.
Zwierzątko uratowane od
eksperymentów laboratoryjnych.

Pani Gauli wpadła w panikę, zatrzasnęła drzwi i poleciała na
dół do portiera szukać pomocy. Ten zadzwonił po zarządcę
domu, który pojawił się z kolegą. Byli uzbrojeni w kije i weszli
do mieszkania. Szukali szczura długo, bez rezultatu. Doszli do
wniosku, że wskoczył z powrotem do otworu wentylacyjnego (na
wysokości przeszło dwóch metrów) i wrócił do podziemia.

W szkole Kasi i Miki zorganizowano akcję „ratuj zwierzęta".
Nauczycielka zabrała dzieci do laboratorium i każde dziecko
mogło wziąć sobie do domu białego szczura, ratując go
w ten sposób przed okrutnymi eksperymentami. Dziewczynki
przyniosły dwa. Zupełnie bielutki okazał się samiczką

i dziewczyny nazwały ją Saudi. Szarawy nazywał się Pepsi. Oczywiście biegały po całym mieszkaniu i nie było mowy, żeby je zamknąć do klatki. Ponieważ miały zęby ostre jak żyletki, cięły wszystko, co popadło. Zmiatałam posiekane poduszki i ręczniki, ale wybaczałyśmy im wszystko. Saudi uwielbiała siadać mi na ramieniu, chować się pod moje gęste włosy. Owijała moją szyję swoim długim ogonem i smacznie spała. Mika przez dwa tygodnie pracowała nad trudnym projektem. Opis obejmował rysunki i kilkanaście zapisanych kartek. Rano robię śniadanie, a Mika szuka projektu. Nie mogłyśmy go znaleźć. Szukałyśmy wszędzie. Na chodniku przed naszym domem stało kilkanaście czarnych plastykowych worków za śmieciami. Myślałam, że może przez pomyłkę z gazetami wyrzuciłam do śmieci zadanie Miki. Dawałam nura do wszystkich po kolei. Zadanie domowe zapadło się pod ziemię. Mika poszła do szkoły z płaczem. Spróbowałam jeszcze raz poszukać, a do znajdowania zawieruszonych lub zagubionych rzeczy mam wyjątkowe zdolności. Schyliłam się i zajrzałam pod łóżko Miki. Było tam precyzyjnie uwite gniazdko. Po odczytaniu większych skrawków zorientowałam się, że to projekt Miki.

Roxanne

Sting

zerwiec 1987 roku w Nowym Jorku. Dostaję telefon od
Anity Evans, że jej mąż Gil proponuje wspólny występ
z jego big-bandem na Umbria Jazz Festival we włoskiej Perugii.
Jako gość specjalny ma śpiewać Sting. W tym samym czasie
dostałam telefon z prestiżowego nowojorskiego klubu Blue Note
z zaproszeniem do zagrania.

W Blue Note wystąpiłam ze świetnymi amerykańskimi
muzykami. Na bębnach Buddy Williams, na basówce Victor Bailey,
na gitarze Randy Bernsen i na keyboardzie Gil Goldstein. Nawet
pamiętam, jak byłam ubrana. Miałam złotą bluzkę, czarno-złotą
długą spódnicę i złote kozaki. Kiedy weszłam na scenę, zauważyłam,
że naprzeciw przy stoliku siedzi dwóch facetów. Jednego znałam, był
to Maciek. Drugiego znałam z telewizji. Był to Jerzy Kosiński.

Po koncercie przysiadłam się do ich stolika. Panowie obsypywali
mnie komplementami, a ja byłam nieśmiała i skrępowana
obecnością Jerzego, który fascynował mnie od dawna.

Po występie w Blue Note miałam kilka prób z big-bandem Gila
Evansa. Na próby przychodził też Sting. Miał wielki szacunek do
jazzmanów, zresztą angażował ich do swojego zespołu (Branford
Marsalis, Kenny Kirkland). Miałam ze sobą moją elektronikę i kiedy
zaczęłam na niej szaleć, Sting uważnie słuchał i bacznie śledził, jak
manipulowałam gałkami, a potem zadawał mi dużo pytań typu:
skąd ten pomysł, jak kompletowałam zestaw, jak operuję elektroniką
i jak działają poszczególne gadżety. Próbowaliśmy kompozycje
Evansa i Stinga.

1987 rok, Włochy, Perugia,
Umbria Jazz Festival.
Gil Evans i Ula.
Mój guru!

1987 rok, Włochy, Perugia,
Umbria Jazz Festival. Sting i Ula.
*Co to za fryzura? Na pewno nie trwała,
ale ewidentnie po deszczu.*

Evans miał niesamowity dar zjednywania sobie muzyków. Wszyscy go uwielbiali. Miał wokół siebie aurę życzliwości, był niestrudzony i mimo starszego wieku miał energię i wytrzymałość młodzieńca. Gil i Anita chodzili na koncerty, do klubów. Ilekroć graliśmy w Nowym Jorku, byliśmy pewni, że będą. Do Włoch wylecieliśmy całą grandą 8 lipca, a 11 zagraliśmy dla czterdziestotysięcznego tłumu plenerowy koncert ze Stingiem, który został sfilmowany i nagrany.

A oto, co pisałam w pamiętniku **11 lipca 1987 w Perugii:**

Obserwuję Stinga bardzo uważnie i szczerze mu zazdroszczę luzu. Ma wspaniałą kontrolę głosu, lekkość śpiewania i swobodę w zachowaniu. Jest uroczy, dowcipny i bardzo przystojny. Pan Bóg się rozszalał i miał wyjątkowo dobry humor, dobry dzień (a może się zagapił?), kreując takiego artystę. Jest do tego (widać) szczęśliwy, pije herbatę z miodem, ma piękne ramiona i cudowne orzeszkowe pośladki. Stąpa delikatnie, ale po męsku. Już mu się dobrze przyjrzałam i rozumiem, czemu czaruje tłumy. Stanie z gitarą, otworzy usta i zaśpiewa głosem z małą chrypką, tak że ciarki biegają, puls skacze i nawet oko zapłacze. Życzę mu, co najlepsze, i niech nam tak śpiewa już zawsze. Ja natomiast walczę z mikrofonem, mam go za cicho. Już mi głupio prosić o zwiększenie jego słyszalności, bo to koncert Stinga, a nie mój, jednak jest to cholera frustrujące, bo nie dość, że śpiewam króciutko, to jeszcze cichutko. Psia krew! Zaczynamy koncert utworem Gila „Bud And Bird". Pamiętam dobrze moje partie, śpiewam, ale i tak mnie nie słychać. Sting śpiewa pięknie, oprócz wyraźnego zafałszowania we wstępie w utworze „Roxanne" wszystko idzie jak z płatka. Ludzie szaleją, mój mikrofon nie działa, trafia mnie szlag, udaję, że śpiewam. Trudno. Na koniec olbrzymie brawa, bisy i jeszcze raz bisy. Wylądowaliśmy w hotelu po północy.

Potem od 12 do 19 lipca graliśmy koncerty, które zaczynały się o północy w przepięknej scenerii oświetlonych średniowiecznych ruin. Mieliśmy grać półtorej godziny, a graliśmy czasami do trzeciej rano. Klimat, atmosfera zupełnie nieprawdopodobne. Muzycy grali wspaniałe solówki i gdyby nie Gil, nie zaśpiewałabym ani jednej nuty. Po zagranym temacie było miejsce na solówki, a kolejność dowolna. Na ogół wstawało kilku muzyków naraz do zagrania solówki i po kilku taktach klarowało się, kto to dalej pociągnie. Nie umiałam bić się o swoje miejsce i to Gil pokazywał ręką na mnie, abym śpiewała swoje solo, i wtedy muzycy musieli mnie wpuścić. Tłumaczyłam to sobie wielką ochotą, potrzebą grania, a nie pazernością i brakiem wychowania.

Dziennikarz z Polski, znany mi Krystian Brodacki, chciał koniecznie przeprowadzić wywiad z Evansem, ale Gil odmówił. Narzekał na Polaków, ponieważ zagrał na którymś z Jazz Jamboree ze swoim big-bandem i bez pozwolenia nagrano jego występ na płytę, którą zauważył w sklepie w Londynie. Powiedział, że nienawidzi piractwa i dlatego nie będzie udzielał żadnego wywiadu polskiemu dziennikarzowi. Krystian poprosił mnie o wstawiennictwo. Poszłam do Gila, przysięgałam, że Krystian nie ma nic wspólnego z tą aferą, i poprosiłam o przychylność dla niego. Udało się.

Potem Krystian mi opowiadał, że Gil kazał mu przyjść na dach hotelu, w którym mieszkał. Był niesamowity upał. Krystian wszedł na dach i co widzi. Gil w slipach leży w pełnym słońcu i wygląda jak spalony skwarek. Przerażony obudził go i myślę, że to Krystian uratował Gila przed poważnym porażeniem słonecznym. Gil Evans kojarzył mi się zawsze z Krzysiem Komedą i do tej dwójki dodałabym Milesa Davisa, który mawiał do muzyka mającego zagrać w jego zespole: „Zagrasz w moim zespole nie dlatego, że wiem, jak grasz, tylko dlatego, że wiem, jak możesz zagrać ze mną". Ci wielcy potrafili stworzyć idealny klimat do grania genialnych solówek, osiągania szczytu możliwości poszczególnych solistów i chwała im za to.

● 1987 rok, Nowy Jork, Blue Note. Jerzy Kosiński i Ula.
Tuż po moim koncercie, cieszę się z komplementów.
Nie mam zielonego pojęcia, że pokocham tego mężczyznę, który siedzi
obok mnie, że oszaleję na jego punkcie, że będę wpadała w rozpacz
przez niego i dotykała nieba razem z nim.
Było to 25 maja 1987 roku.

Homeless

Simon And Garfunkel

Do pierwszej klasy chodziłam w czterech szkołach w trzech różnych miastach. Najpierw Gubin, potem Zielona Góra, następnie Nowa Sól i powrót do Zielonej Góry, gdzie dostałam świadectwo ukończenia pierwszej klasy.

W Nowej Soli rozlokowaliśmy się w pięknej willi z ogrodem. Była to wielka zmiana, bo w Zielonej Górze mieszkaliśmy przy ulicy Grottgera w zapluskwionym małym mieszkaniu na drugim piętrze, do którego wchodziło się po żelaznych przeciwpożarowych schodach. Naprzeciw stał hotel Pod Orłem, a jedyną moją i brata rozrywką było wieczorne siedzenie w oknie i podglądanie gości hotelowych. Po jakimś czasie tatuś dostał świetną posadę dyrektora fabryki proszku jajowego, w pobliskiej Nowej Soli. Zamieszkaliśmy w willi, która stała tuż obok naszego domu. W ogrodzie mieliśmy wielką huśtawkę, piękne drzewa i mały staw. „I tak by trwała słodka sielanka, gdyby nie burza pewnego ranka". Pamiętam naszego tatusia. Siedział w grubej kufajce, ciepłych butach, bardzo smutny. Mama zapłakana. Podobno miał być za chwilę aresztowany. Co się okazało? Tatuś miał przy sobie pensje pracownicze całego zakładu i poszedł grać w brydża (pasja moich rodziców). I ktoś mu tę całą kasę zarąbał. Dostaliśmy nakaz eksmisji. Termin? Trzy dni. Ale dokąd pójść? Co rano przychodził do nas mleczarz i przynosił dwie butelki mleka. Dowiedziawszy się o naszym nieszczęściu, zaproponował: chodźcie do mnie. Miał dobre serce, ale pokręcone myśli. Bałam się go. Straszył mnie, że jeśli nie będę się codziennie modlić, to mnie utopi w tej właśnie kałuży, koło której przechodziliśmy. Musieliśmy się zmieścić w jednym pokoju. Tatusia na szczęście nie aresztowano.

Po kilku miesiącach powrót do Zielonej Góry, ale już na Dąbrowskiego 19 (potem zmieniono numer na 26), i to na długie lata. Dom, idąc z miasta, stał tuż za torami po prawej stronie. Pod nosem przejeżdżał kilka razy dziennie pociąg towarowy. Smrodził i hałasował. Mama wiecznie prała firanki, a w jadalnianym kredensie szklanki pięknie dzwoniły, gdy przetaczał się pociąg. Czasami urywał się wagon – wystraszył lub zabił jakiegoś zamyślonego przechodnia albo rozwalił furmankę z koniem i woźnicą. Nie mieliśmy w domu łazienki. Kąpaliśmy się w sobotę w cynowej nasiadówce, czasami w jednej wodzie cała rodzina. Wychodek był na dworze. Tam przemarzały nam w zimie pupy i tam kryliśmy się z Lesiem, moim starszym bratem, z pierwszymi papierosami.

Na podwórku rósł wielki orzech, na który wspinałam się jak małpa. Przerażona mama prosiła: Uluś, zejdź. Uwielbiałam siadać na rower i jechać, jechać... wzdłuż torów, które nie miały końca. Dalej przez działki do mojego ukochanego wzgórza, z którego rozciągał się piękny widok na łąki obsypane kaczeńcami, stokrotkami, chabrami... Żałowałam, że nie umiem malować. Przysiadałam pod wysokim dębem i marzyłam o podróżach. Chciałam być cyrkówką lub śpiewaczką. Po latach wyszła z tego niezła kombinacja. Śpiewam bez słów, używając techniki głosu, którą nieraz określano jako cyrkową.

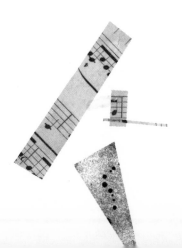

Papaya
Michał Urbaniak i Urszula Dudziak

Nie tak dawno jechałam samochodem jako pasażerka (nie mam samochodu z wyboru, choć świetnie prowadzę), prowadziła Marysia Sadowska, artystka wokalistka-filmowiec. Jedziemy wolno, przepisowo ulicą Żelazną. Z przeciwnej strony chodnikiem po mojej prawej idzie kobieta w średnim wieku. Widzę, że się zatacza, i czuję, że zaraz upadnie. Mija kilka sekund, a kobieta pada na wznak.

Marysia zatrzymuje samochód, ja wyskakuję z szoferki i lecę do leżącej. Serce mi wali, w panice usiłuję sobie przypomnieć, jak się ratuje kogoś, kto przestaje oddychać, ma zawał serca albo wylew. Jeszcze w Nowym Jorku przeszłam specjalny kurs ratowniczy i byłam w tej materii nieźle zorientowana, ale tu i teraz, co robić? Nachylam się nad nią i czuję silną woń gorzały. Potrząsam ją za ramiona, pytając głośno: CO SIĘ STAŁO?! Pani nieźle narąbana otworzyła oczy, spojrzała na mnie zdumiona i zaczęła śpiewać: tu, tu, tu, tu, tu, tu – czyli pierwsze takty mojego przeboju „Papaya". Pomogłam jej wstać i zapytałam: gdzie pani mieszka? Wskazała najbliższy budynek i odpowiedziała śpiewająco: tu, tu, tu, tu, tu.

Getting to Know You

Frank Sinatra

1989 rok, Nowy Jork.
Od lewej: Michał Urbaniak, George Benson, ja i Jerzy Kosiński.

Przepisane z dziennika.

3 stycznia 1988, Nowy Jork

Wczorajszej nocy nie mogłam zasnąć. Kombinowałam, w co się ubiorę na dzisiejszą randkę z Kosińskim. Wstałam w środku nocy, przymierzałam różne ciuchy, zastanawiając się, kogo odegrać. Wybrałam ciemnozieloną bardzo obcisłą suknię, srebrne klipsy, czarne pończochy w drobniutką siatkę i bardzo wysokie szpilki. Pod suknią miałam seksowną czarną bieliznę, atłasowy pasek do pończoch i wyperfumowane ciało. Poczułam się jak Rita Hayworth. Kosiński zadzwonił do mnie kilka dni temu z prośbą o pomoc. Otóż zarząd jego Fundacji Obecności Żydowskiej chce zorganizować wydarzenie muzyczne i Jerzy pomyślał, że na pewno będę miała dobry pomysł. Jerzego poznałam przez mojego przyjaciela Maćka i niejednokrotnie spędzaliśmy wieczory we czwórkę. Jerzy z żoną Kiki i ja z Maćkiem. Jerzy nas cudownie bawił, Maciek i Kiki na luzie, a ja spięta niemowa.

Byłam Kosińskim zafascynowana. Podziwiałam jego nieprzeciętną osobowość, nieprawdopodobne poczucie humoru, dowcip sytuacyjny i styl. Bałam się jego wzroku, unikałam go, bojąc się, że mnie przejrzy na wylot i zlekceważy. Myśl spędzenia z nim sam na sam kilku godzin paraliżowała mnie, a jednocześnie pobudzała moją już rozpaloną wyobraźnię. Podejrzewałam, że ten projekt to tylko pretekst do tego, żeby mnie bliżej poznać. Byłam przygotowana na każdą opcję. Przerzuciłam kilka magazynów muzycznych, przeleciałam adresownik z muzykami i producentami, i gorączkowo planowałam jakiś ciekawy koncert. Punkt o dwudziestej zadzwonił portier i przekazał, że w holu czeka Kosiński. Drżałam z tremy, ale skutecznie ją przykryłam mocnym makijażem, a przecież niepewność ruchów można zrzucić na bardzo wysokie szpilki. Czekał wytwornie ubrany. Myślałam, że to dla mnie. Wytłumaczył mi zaraz, że wraca prosto z koktajlu i nie miał czasu się przebrać. Zaproponował restaurację pięć minut od mojego domu, Café 57. Usiedliśmy w kącie.

Jerzy milczał i badawczo mi się przyglądał. Byłam w panice. Nie czekając na kelnerkę, podprowadziłam menu z sąsiedniego stolika i długo wybierałam danie, a on tylko patrzył na mnie i milczał. A może wyjść do toalety? A może gdzieś zadzwonić? O, wiem, opowiem mu, jak odkryłam romans mojego męża Michała z Lilianą, planowałam gorączkowo. Wiesz, Jerzy, nareszcie się odezwałam, opowiem ci o aferze mojego byłego męża Michała, o której wiedział cały Manhattan oprócz mnie. Opowiadałam z udawanym przejęciem, a Jerzy zapadał się coraz głębiej w siedzenie krzesła. Zmarszczył swoje głęboko usiane bruzdami czoło i złożył ręce jak do modlitwy. Wyglądało, jakby myślał: ta kobieta jest święta, albo: rany Boskie! Co ona bredzi! Po chwili odezwał się: „Ula, po co ty mi to mówisz?". Zmieszało mnie to. Odpowiedziałam: sama nie wiem. Zapadła cisza. Zostało mi jeszcze w repertuarze wyjście do ubikacji i telefon. Potem trzeba było jeść zamówione danie i należało przeżuwać każdy kęs w milczeniu.

Po kolacji Jurek rozładował napięcie propozycją pójścia do jego ulubionej restauracji w dole miasta. Kamień spadł mi z serca. Wskoczyliśmy do taksówki i gdy jechaliśmy 57. ulicą, tuż przed 6. aleją zatrzymało nas czerwone światło. „A może wpadniemy do mnie na szybkiego drinka?" – zaproponował. Zgodziłam się chętnie. Wysiedliśmy tuż za skrzyżowaniem, weszliśmy do eleganckiego lobby i windą wjechaliśmy na osiemnaste piętro. Jerzy przez dłuższą chwilę szukał odpowiednich kluczy do wszystkich trzech zamków. Weszliśmy.

Zza ciężkiej kurtyny oddzielającej przedpokój od reszty mieszkania dolatywało stukanie maszyny do pisania. Jurek krzyknął: „Hi Kiks!". Maszyna ustała na chwilę. „Ula jest ze mną" – dodał. „Hi Ula", „Hi Kiki" – przywitałyśmy się przez udrapowaną ścianę. Jurek poprowadził mnie do swojego pokoju, dokładnie zamykając dwoje drzwi. Jego królestwo to nieduży pokój. Okno -drzwi na balkon, szczelnie zasłonięte, łóżko, w rogu telewizor, a tuż obok drzwi prowadzące do małego przedpokoju i łazienki. Na ścianie nad łóżkiem wielkie karykatury Jerzego i duże zdjęcie pływającej nago żony Kiki. Dwa biurka. Na jednym kopiarka wynajęta za dwadzieścia sześć dolarów miesięcznie (chwalił się, udowadniając, że nie znosi mieć czegokolwiek na własność). Na drugim masa papierów, pisaków i stara, chyba przedwojenna maszyna do pisania. Jedna ściana to ogromna szafa, a reszta to półki do sufitu z tysiącami książek. Usiadłam na łóżku i na pytanie,

czego się napiję, wybrałam to samo co Jurek. Ciemny rum z coca
-colą. Jerzy był raczej chłodny.

Nagle przypomniało mi się, że spotkaliśmy się do omówienia
muzycznego projektu. Moje pytanie o zaplanowany koncert zostało
bez odpowiedzi. Jerzy usiadł koło mnie i zaczął się bawić moimi
włosami, obsypując komplementami moją rudą czuprynę. Kilka
sekund później dobrał się do błyskawicznego zamka na moich
plecach. Spojrzałam na drzwi. Podszedł do nich i zamknął je na
klucz... „Tu nikt nie wejdzie", powiedział. Wypiłam duszkiem
całą szklankę i poprosiłam o repetę. Dostałam, wychyliłam całą
zawartość i poczułam, jak wstępuje we mnie diabeł. Aha! Czyli
w ten sposób Kosiński podrywa dziewczyny, pomyślałam. Będąc
już na dobrym rauszu, śmiało mu się przyjrzałam. Wieczorek
zapoznawczy w jego królestwie trwał blisko trzy godziny. W pewnej
chwili Jurek zaproponował dokończenie naszej podróży taksówką.
Ubraliśmy się w mig i kilka minut później siedzieliśmy w taksówce.
Przyjechaliśmy do Marylou's tuż przed drugą w nocy. Weszliśmy
tam jak do swojego domu. Kilka osób krzyknęło jednocześnie:
cześć Jerzy! Witał się serdecznie i przedstawiał mnie jako jazzową
gwiazdę z Polski. Usiedliśmy w kącie i zamówiliśmy dwa razy
ciemny rum z coca-colą.

1989 rok, Nowy Jork.
U Jerzego Kosińskiego.
A może czas na gimnastykę?

All My Trials

Harry Belafonte

Jerzy nie lubił jazzu. Uważał, że to kombinacja kakofonii z chaosem, a solówki jazzowe to wprawki do ćwiczenia w domu, a nie zamęczania nimi wrażliwych na muzykę ludzi. Kiedy opowiadałam mu zachwycona o Bobbym McFerrinie, śmiał się z niego i mówił na niego: Bobby Mandaryn z Afryki. Ubóstwiał muzykę łacińską, country & western i amerykańskie śpiewaczki (ale z jazzowym feelingiem, ciekawe!), jak Peggy Lee, June Christy czy Rosemary Clooney. A jego ulubione utwory to „Try To Remember", „Sentimental Journey", „Jambalaya", „Baczumija". Z europejskich śpiewaczek ubóstwiał Edith Piaf.

Opowiadał, że kiedy był żonaty z multimilionerką Mary Weir, to ta wielka francuska gwiazda występowała w Nowym Jorku i dała prywatny koncert u nich w nowojorskim apartamencie na Park Avenue za czterdzieści tysięcy dolarów.

Udawało mi się czasami wyciągnąć go na koncert jazzowy, ale była to dla niego tortura. Kiedyś chciałam go przekonać do delikatniejszej formy tej muzyki. Poszliśmy na koncert Astrud Gilberto, brazylijskiej wokalistki, którą wylansował świetny saksofonista jazzowy Stan Getz. Nagrała wiele pięknych płyt i słuchanie jej ciepłego, łagodnego głosu przynosiło wielką ulgę. Miała świetny brazylijski zespół, a bossa novy w jej wykonaniu brzmiały przepięknie. Jerzy wytrzymał tylko pierwszą część. „Chodźmy stąd", uporczywie szeptał mi do ucha. Po wyjściu na ulicę zrobił mi awanturę. „Ty uważasz, że ona dobrze śpiewa? Gdzie twoje rozeznanie, gdzie twój gust? Ona o niczym nie ma pojęcia. Jest beznadziejna!!!" Nie umiałam mu wytłumaczyć,

czemu słucham jej płyt, dlaczego mnie wzrusza, milczałam
i wiedziałam swoje. Potem przyczepił się do mnie, gadał, że
popisuję się techniką i ludzi to wprawia w osłupienie, ale nie łapie
za serce.

Powiedział, że ma ukochaną pieśń afrykańską z repertuaru
Harry'ego Belafonte „All My Trials". Jest to bardzo smutna pieśń
o śmierci i bardzo mnie prosi, żebym ją dla niego zaśpiewała.
Poszłam do sklepu i kupiłam nagranie i nuty. Posłuchałam
i zmartwiłam się, że nie będę mogła spełnić jego prośby. Zupełnie
nie mój genre, bardzo daleki od mojego śpiewania. Opierałam się
długo, ale w końcu postanowiłam spróbować. Na trzytygodniową
trasę europejską z polskim zespołem Walk Away zabrałam mały

1974 rok, Nowy Jork. Ula i Astrud Gilberto. ●
Chwalę się, że ją znam.

fot. Irena Chalecka

przenośny keyboard, nagranie utworu i nuty. Słuchałam go dziesiątki razy i w końcu coś się we mnie otworzyło, po prostu „zaskoczyłam". Wróciłam z trasy do Nowego Jorku, zadzwoniłam do Jurka i zaprosiłam go do siebie do domu.

Usiadł w fotelu naprzeciwko mnie, ja za keyboardem i z mikrofonem na statywie. Śpiewałam tylko dla niego, dla mojego ukochanego mężczyzny. Po ostatniej nucie – cisza. Byliśmy oboje wzruszeni. Siedział bez słowa dłuższą chwilę, wstał i przechadzając się po pokoju, zaczął mówić: „Ja ciebie w ogóle nie rozumiem. Ja słyszałem tę pieśń w wykonaniu wielu artystów, nikt nie zaśpiewał tak pięknie, tak przejmująco jak ty. Ty masz wielką szansę, której w ogóle nie wykorzystujesz. Nie mogę uwierzyć w to, co wyprawiasz. Takim śpiewaniem, które słyszałem przed chwilą, mogłabyś rzucić miliony na kolana. Posłuchaj mnie, ja się na tym znam. Masz wielki talent, tylko idziesz w złym kierunku. Nie wiem dlaczego. Chyba z głupoty. Dwie skrajne osobowości. Jedna podrygująca na scenie jak podlotek, zupełnie bez sensu, śpiewająca jak zmięty papier, a druga wielka, wspaniała, wzruszająca. Widzę cię na scenie w długiej czarnej obcisłej sukni podkreślającej twoją piękną figurę. Całe skupienie na twoim zniewalającym głosie. Zrób, co ci mówię".

A dzisiaj? Są takie sytuacje, kiedy biorę do ręki gitarę i śpiewam „Wielka miłość" Seweryna Krajewskiego. Szkoda, że Jurek tego nie słyszy. Cieszyłby się.

Johnny Guitar

Peggy Lee

Kayah obchodziła swoje czterdzieste urodziny w klubie Opera na placu Teatralnym w Warszawie. Poszłyśmy z Miką i zaśpiewałyśmy dla niej specjalnie napisaną piosenkę. Grałam na mojej ukochanej gitarze. Po zabawie wsiadłam do taksówki należącej do korporacji Ele i pojechałam do domu. W drodze ucięłam sobie miłą pogawędkę z kierowcą i trochę zmęczona poszłam spać. Rano wstaję i szukam gitary. Nie ma. Przypomniałam sobie, że zostawiłam ją w taksówce. Zadzwoniłam do dyspozytorek, powiadomiły kierowców. Byłam pewna, że szybko odzyskam ulubiony instrument. Czekam i czekam. Żadnych dobrych wiadomości.

Skontaktowałam się z „Życiem Warszawy". Gazeta zaapelowała do znalazcy o zwrócenie zguby za nagrodą. Minęły dwa tygodnie. Zadzwonił do mnie znajomy z wiadomością, że zupełnie przypadkowo natknął się na gazetę „Fakt" ze zdjęciem, na którym wchodzę z gitarą do taksówki – zdjęcie zostało zrobione przez czatującego przed klubem paparazzi. Miałam w ręku „Fakt", ale zdjęcie było niezbyt wyraźne, a numer taksówki niewidoczny. Zadzwoniłam do dyrekcji Ele, pojechałam z gazetą do ich biura. Prezes spojrzał na zdjęcie i nawet bez widocznego numeru rozpoznał taksówkę. Była nietypowa. Pan prezes prosił, żebym dała mu kilka godzin. Wróciłam do domu.

Godzinę później zadzwonił z wiadomością, że jedzie do mnie kurier z przesyłką. Przed drzwiami stał mężczyzna z gitarą i dużym bukietem kwiatów. Nie pytałam prezesa, w jaki sposób odnalazł gitarę, ale wiem, że za „przechowanie" mojej gitary ktoś dostał od niego po uszach. Smutna piosenka „Johnny Guitar" zmieniła się w skoczną wesołą polkę.

Light My Fire

The Doors

Po lewej: Jaco Pastorius, legenda gitary basowej. *Takiego basisty przed nim nie było i po nim nie będzie. Geniusz!*

Miałam cztery epizody związane z używkami. Dwóch doświadczyłam na własnej skórze, dwóch innych byłam świadkiem. Po przyjeździe do Nowego Jorku w 1973 roku zaprzyjaźnialiśmy się z nowojorskimi muzykami. Genialny, zresztą mój ulubiony saksofonista Dave Liebman (grał z Milesem Davisem) zaprosił nas do swojego domu w Woodstock. Wesołe przyjęcie, kilku muzyków z żonami, świetna muzyka z płyt, pyszne jedzenie, picie, no i oczywiście marihuana, czyli popularnie maryśka. Wszyscy palili oprócz Michała i mnie. Daliśmy się namówić. Najpierw Michał spróbował, był zawiedziony, bo nic nie poczuł, za to ja poczułam natychmiast. Czekałam na cudowne, błogie doznanie, tymczasem dopadła mnie nagle panika, że zaraz zemdleję. Serce mi łomotało, jakby chciało wyskoczyć z piersi. Trzymałam się kurczowo Michała, żeby nie zwariować. Trzymało mnie tak przez dwie godziny. Przyrzekłam sobie wtedy, że nigdy więcej.

Minęło kilka lat, jedziemy z naszym zespołem do Filadelfii na koncert. W garderobie rozgrzewają się muzycy. Michał próbuje brzmienie nowych skrzypiec, ja rozgrzewam głos ćwiczeniami wokalnymi, perkusista wali pałeczkami w kwadratową gumę imitującą skórę werbla, basista Basil szykuje sobie fajeczkę z maryśką. Opowiadam mu o mojej przygodzie u Liebmana, a on na to, że dostałam wtedy zły stuff, czyli jakąś zanieczyszczoną podróbę. To, co on ma, jest genialne i nigdy mi nie zaszkodzi, wprost przeciwnie. Zachwalał swoje ziele na wszystkie strony i gorąco mnie namawiał do spróbowania. Może ma rację, pomyślałam i zaciągnęłam się głęboko. Kilkanaście minut później weszłam na scenę i bardzo się zdziwiłam, kiedy zobaczyłam długi dziób pelikana, który mi nagle wyrósł. Taki gruby przy ustach i coraz cieńszy ku końcowi. Trzymałam mikrofon w odległości około pół metra, żeby nim nie zahaczyć o koniec dzioba. Michał krzyczał: „Ula, bliżej mikrofonu, nie słychać cię!". „Nie widzisz, że nie mogę?". Śpiewałam z tym dziobem cały pierwszy set. Na początku drugiego zaczął się rozpływać i pod koniec koncertu wyglądałam normalnie.

Do Nowego Jorku przyjechał nasz ukochany zespół Weather Report, tym razem by zagrać w znanym klubie Bottom Line. Na gitarze basowej – wirtuoz, geniusz Jaco Pastorius. Poznaliśmy go w tym samym klubie kilka miesięcy wcześniej – grał ze swoim zespołem Straight From The Horse's Mouth. Nie mogliśmy uwierzyć, że można tak grać na basówce. Jaco zagrał perfekcyjnie bardzo trudny utwór Charliego Parkera „Donna Lee", a myśmy z Michałem stali oniemiali z wrażenia. Po koncercie poszliśmy do garderoby, żeby mu pogratulować, przy okazji pytając o najbliższe plany. Odpowiedział, że musi znaleźć nocleg, bo jutro ma samolot na Florydę, a nie ma gdzie się zatrzymać. Zaprosiliśmy go do siebie.

W domu zagrał nam jeszcze raz „Donna Lee" i mogliśmy się dokładniej przyjrzeć temu wirtuozerskiemu wykonaniu. Później dołączył do Weather Report i właśnie po koncercie tego zespołu

ponownie pojawiliśmy się za kulisami, gratulując występu.
Był z nami nasz kolega Bernard. Usiedliśmy z liderem zespołu
Joe Zawinulem na dużej kanapie i wesoło gawędziliśmy. Joe
poczęstował nas fajką z aromatycznym ziołem. Ja pozostałam
przy piwku, Michał przy coca-coli, tylko Bernard skorzystał
z zaproszenia i zapalił. Co później się działo, jest trudne do
opisania. Bernard dostał ataku panicznego strachu. Wbił się
pod kanapę i nie mogliśmy go stamtąd wyciągnąć. Po dwóch
godzinach udało się i wylądowaliśmy z nim w szpitalu. Skończyło
się dobrze, ale wyglądało strasznie.

Moje czwarte spotkanie z używką było na party w Nowym Jorku
wydanym na cześć naszego zdobywcy Oscara za film animowany
„Tango" Zbyszka Rybczyńskiego, który właśnie wracał do Polski,
z Hollywood przez Nowy Jork. Było to wspaniałe przyjęcie
w penthousie naszych bardzo bogatych przyjaciół po wschodniej
stronie Manhattanu. Gospodyni zaprosiła kilka osób do
przestronnej łazienki i zaczęła przygotowywać na marmurowym
blacie „pasy startowe" z kokainy. Były to podłużne stożki, jeden
obok drugiego. Nigdy przedtem nie próbowałam tego narkotyku,
ale wiedziałam, że te paseczki wciąga się nosem przez papierową
rurkę, zrobioną czasami ze zwiniętej dolarówki. Wszystko było
gotowe, tylko nie było rurki. Gospodyni zapytała: „Czy ktoś
ma dolara?". Obok stał Zbyszek. Sięgnął do kieszeni i podał jej
cztery dwudziestopięciocentowe monety. Ryknęliśmy śmiechem.
Zbyszek nie miał pojęcia z czego.

Roll of the Dice

Bruce Springsteen

Początek lat sześćdziesiątych. Mieszkam w Warszawie przy Noakowskiego z bratem Leszkiem i dwoma kolegami muzykami. Chodzę do Studium Wokalnego przy Polskiej Agencji Artystycznej „Pagart", założonego przez bardzo obrotnego dyrektora Ludwika Klekowa. Sztuki wokalno-aktorskiej uczą nas tacy wybitni eksperci, jak Kazimierz Rudzki, Aleksander Bardini, Władysław Brzeziński. Pamiętam kilka nazwisk: Dana Lerska, Łucja Prus, Regina Pisarek, Lena Bacciarelli, Marcel Novek, Marian Kawski, Janusz Ślęzak, Bogdan Januszko. Wieczorem przy akompaniamencie legendarnego przedwojennego piosenkarza Jerzego Statlera prezentowaliśmy nasze umiejętności. Wtedy też odkrył mnie Edward Czerny, który ze swoim big-bandem nagrywał dużo muzyki dla Polskiego Radia.

Właśnie idę na zajęcia do Pagartu, aż tu nagle przy krawężniku zatrzymuje się samochód. Ktoś woła: „Ula, chcesz pojechać z nami do Danii?". „Ojejku, pewnie, że chcę!" – odkrzyknęłam radośnie. W aucie: Michał Urbaniak (saksofon), Stasiu Zwierzchowski (kontrabas), Jurek Fogiel (bębny), Jurek „Kola" Koliński (pianino). Starania o paszport, przygotowania do wyjazdu i ogromną radochę. Cierpliwe czekanie na ten wspaniały dzień – mój pierwszy wyjazd za granicę, pierwszy lot samolotem i piękny, bogaty Zachód. Miejsce występów – Århus w Danii. Śliczne, czyściutkie, urokliwe miasteczko. Dziwiłam się wszystkiemu. Pamiętam smak kurczaków z rożna, które pałaszowałam namiętnie. Występowaliśmy na otwartym powietrzu. Muszla koncertowa, kilkaset siedzeń i wesołe miasteczko z ruletką. Śpiewałam między innymi przebój z repertuaru Ludmiły Jakubczak (potem Hanny Rek) „Gdy mi ciebie zabraknie".

Raz się nie upilnowałam i „zagrałam się" w ruletkę po uszy. Słyszałam znajomy wstęp utworu powtarzany w kółko, ale hazard zamroczył zmysły. Dobiegłam do estrady za późno i mój największy hit tego wieczoru pozostał dla publiczności wielką tajemnicą. Wybuchła niezła awantura i postanowiono mnie ukarać grzywną. Byłam wściekła na kolegów, że mnie nie rozumieją. Bakcyla hazardu mam do dziś, więc bardzo się pilnuję. Kilka miesięcy temu brałam udział w zawodach w ruletkę – dziennikarze kontra artyści w warszawskim Casino w Marriotcie. Wygrałam ten turniej, bo dzięki tamtemu pobytowi w Danii mam do hazardu wyjątkową smykałkę.

Tam, w tym pięknym miasteczku Århus, Michał zaczął się do mnie „podwalać". Grał dla mnie piękne ballady i wysyłał wyraźne sygnały, robiąc maślane oczy. No i wpadłam. Michał kupił używaną dekawkę, którą pojechaliśmy przez Niemcy do Szwajcarii. Grat był to wyjątkowej urody. Przednia szyba zbita i zasłonięta plastykiem, a przez dziurę w podłodze wpadała woda z rozpryskiwanych kałuż.

Lata 60., Szwecja. Rysunek Wojtka Karolaka.
Ula stoi przed jednorękim bandytą.
Ale ten gościu ma talent!
Czegokolwiek się dotknie!

Nie zapomnę wjazdu do Lozanny. Nagle przed nami miasto na stoku z tysiącami świateł i pięknym jeziorem. Luksusowa restauracja Le Grand Chene. Rozpakowujemy nasz sprzęt, a na jednym z głośników duża tłusta plama. W czasie podróży leżała na nim kostka masła. Śpiewałam popularne hity – „Non ho l'eta", „Guarda Che Luna", „Tintarella di Luna". Michał w każdej przerwie biegał do baru i zamawiał „troi dc beaujolais" (trzy decylitry). Pewnego dnia siedzieliśmy na ławce, a ja przyjrzałam mu się z bliska. Miał niespokojny, błyszczący wzrok, wiercił się i nerwowo rozglądał. Nagle wstał i powiedział, że zaraz wróci. Po kilku minutach stał przede mną spokojny, zrelaksowany, uśmiechnięty. Zgadłam, gdzie był. Zamówił sobie i szybko wypił dwie lampki wina i wtedy po raz pierwszy zapaliła się mi ostrzegawcza lampka. Jak się okazało w przyszłości, słusznie.

Raz dostałam na scenie ataku histerii, kiedy zauważyłam jednego z gości siedzącego samotnie przy stoliku, zapamiętale onanizującego się. Najpierw zaczęłam ryczeć ze śmiechu, a kiedy pianista i kierownik zespołu Koliński zmroził mnie wzrokiem, a następnie ostro zrugał, zaczęłam głośno szlochać. Onanista uciekł, a ja zostałam ze wstydem, bo jak mogłam kierownikowi sali wytłumaczyć, że do jego restauracji przychodzą dewianci. W zeszłym roku byłam w Lozannie i odwiedziłam Le Grand Chene. Staruszek portier twierdził, że nas pamięta...

A wtedy, przed laty, do Warszawy wróciliśmy dekawką i szykowaliśmy się do kolejnego wyjazdu. Granie w zagranicznych knajpach było jedyną drogą do urządzenia się i zakupu instrumentów. Trafiliśmy do norweskiej miejscowości Porsgrunn. Skład zespołu był inny. Mój brat Leszek grał na bębnach. Na kontrabasie świetny brydżysta Stasiu Zwierzchowski, na pianinie Andrzej Nowak. Nowy Rok 1966 i uroczyste przywitalne śniadanie luksusowo podane przez personel restauracji. Leszek po raz pierwszy posmakował wtedy coca-coli i zjadł dwa kilogramy pomarańczy naraz. Nie wychodził z toalety przez cały dzień. Andrzej Nowak na widok wielkiego „smargosa" (szwedzka kanapka) z majonezem i górą pięknych luksusowych krewetek wrzasnął i wytrącił kelnerce z ręki talerz, tak przeraził się widokiem według niego obrzydliwych pędraków.

Dwa lata wcześniej zespół Krzysia Komedy w składzie: Gucio Dyląg, Rune Carlson (szwedzki perkusista), Tomek Stańko, Michał, pojechał na jazzowe koncerty do Niemiec i Skandynawii. Była też Zosia Komedowa, która często podróżowała z mężem. Gdy grali w kopenhaskim klubie jazzowym Montmartre, dojechałam do nich turystycznie po to tylko, aby towarzyszyć Michałowi. Na stacji kolejowej w Kopenhadze Miś czekał z kwiatami. Wyszliśmy przed dworzec. Michał zapytał: „Jak myślisz, który z tych samochodów jest nasz?". Przy chodniku stało kilkadziesiąt aut. Przyglądałam się uważnie. Jeden się wyróżniał. Piękny biały opel coupé z czarnym dachem, sportowy kabriolet. Nie, to nie ten, pomyślałam. Za drogi i za elegancki. Okazało się jednak, że to właśnie ten. Radość wielka i niesamowity szpan.

Mieszkaliśmy w skromnych służbowych pokojach przy klubie. Nasi grali na zmianę z zespołem Bena Webstera, legendarnego amerykańskiego saksofonisty. Kiedyś przyleciała do nas Zosia Komedowa z wiadomością, że Ben Webster mówi po polsku. „On mówi: Stachu" – tłumaczyła podniecona. Ben myślał, że Zosia pyta go, dokąd jedzie z Kopenhagi, i odpowiedział po amerykańsku: „Stockholm". Dla Zosi zabrzmiało to jak „Stachu".

W dzień kobiet, kiedy jeszcze spałam, Michał pobiegł do kwiaciarni. Przybiegł z bukietem bardzo zdenerwowany. Ktoś ukradł nam nasze cacko. Samochód nie był ubezpieczony, więc przepadł, a był wszystkim, co wtedy mieliśmy. Ostatni

Wyśpiewam Wam Wszystko

koncert w klubie Gyllene Cirkeln w Sztokholmie pamiętam
dobrze, szczególnie piękne solówki Tomka Stańki, świetną sekcję
z Runem Carlsonem na bębnach, Romanem „Guciem" Dylągiem
na kontrabasie i „fruwanie" Michała na saksofonie. Siedziałam
wśród publiczności dumna jak paw.

Po koncercie poszliśmy na kolację do restauracji Aston. Grał
tam jugosłowiański zespół. Michał, który zabierał wszędzie
saksofon, zapytał, czy może z nimi zagrać. Po pierwszych
dźwiękach ballady „Body And Soul" Dabi Lukac (kierownik
zespołu) z zachwytu złapał się za głowę. Następnego dnia zespół
Komedy wyjechał do Polski, a Michał dostał angaż w zespole
Dabiego. Śpiewała w nim także żona Dabiego, Niemka Ursula
May (mój pierwszy pseudonim w piwnicy Pod Hybrydami
w debiucie z Krzysztofem Komedą). Malutka, szczuplutka,
o ślicznej twarzy, z głosem Barbry Streisand. Skrzętnie ukrywałam
zazdrość, bo taki głos to marzenie każdej wokalistki. Po pewnym
czasie i dla mnie znalazło się miejsce w tym zespole, ale Michał
cały czas kombinował, jak ściągnąć do Skandynawii kolegów –
muzyków z Polski. Przyjechali po roku.

Do Polski wróciliśmy kilka lat później. Na graniu do kotleta
nie dorobiliśmy się majątku, bo czego Michał nie przepił, to ja
przegrałam w ruletkę.

Hard to Get

Rick James

Naszym pierwszym amerykańskim basistą był czarnoskóry
Anthony Jackson. Pokochał naszą muzykę, zakochał
się w mojej siostrze Danusi i kazał na siebie mówić Tosiek.
Zrezygnował z propozycji grania z jednym z najlepszych
amerykańskich big-bandów Buddy'ego Richa za tysiąc dolarów
tygodniowo i z megagwiazdą tamtych czasów Robertą Flack za
półtora tysiąca dolarów tygodniowo. Rezygnował, bo chciał grać
z nami. Przy rozpakowywaniu instrumentów na miejscu grania
ustawiał swój wielki wzmacniacz, a za nim krzesełko i tak grał
schowany. Miał olbrzymie kompleksy, bo jak mówił, podczas
grania robi głupie miny i jest za tłusty.

Raz podpatrzyłam w garderobie, jak „wstrzyknął" sobie cały
pojemnik bitej śmietany prosto w gardło. Grał niesamowite
solówki, ludzie wstawali, szukali i pytali, kto tak pięknie gra. Nie
mogli go wypatrzyć. Zanim go na koniec zapowiedziałam, zdążył
uciec do garderoby, a stamtąd do hotelu. Grał na najlepszych
strunach jelitowych firmy Thomastik, które były drogie, i grał na
nich tylko jeden koncert. Przed każdym graniem raz używane
struny zmieniał na nowe. „Stare" po prostu wyrzucał do kosza.
Kiedy to zobaczyłam, zbaraniałam. Pobiegłam do sklepu, kupiłam
walizkę i pakowałam w nią „zużyte" struny. Zamierzałam je
przywieźć do Polski i rozdać gitarzystom basowym. Walizka
stawała się coraz cięższa, a powrót do Polski coraz odleglejszy.

Spacerując kiedyś z Michałem Broadwayem, usłyszeliśmy kilku
facetów żywo rozprawiających po polsku. Zaczepiliśmy ich.
Okazali się polskimi muzykami, którzy grają na statku i kilka

godzin temu przycumowali do portu na Manhattanie. Następnego dnia mieli wypływać w drogę. „Kiedy będziecie w Polsce?", zapytałam. Za kilka tygodni, odpowiedzieli. Nadarzyła się okazja, żeby oddać komuś walizkę pełną skarbów dla basistów. Zabrali struny i obiecali rozdać je w Polsce.

Minęło trzydzieści lat. Mam grać ze świetnym gitarzystą basowym Krzysiem Ścierańskim koncert we Wrocławiu. Przyjeżdżamy do hotelu, a tam czeka dziennikarz i prosi o wywiad. Krzysiu opowiada, jak teraz jest łatwo w Polsce o płyty, instrumenty i struny do basówki, bo na przykład w latach siedemdziesiątych kupował zupełnie nowe struny Thomastik od muzyków podróżujących statkiem do Stanów, po pewnym czasie ich używania moczył je, suszył i brzmiały znowu jak nowe. Nagle zorientowałam się, że to były struny, które kolekcjonowałam po każdym graniu z Tośkiem. Muzycy ze statku mieli je rozdać, a nie sprzedawać.

Obruszyłam się podczas wywiadu. No, ale ważne, że Krzysiu i inni basiści grali na zawodowych strunach, kiedy w Polsce nie można ich było dostać za żadne skarby.

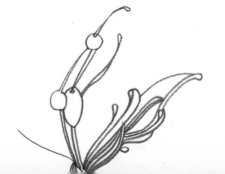

Out of Nowhere

Bing Crosby

Na nasz koncert w Sweet Basil w Nowym Jorku przyszło wielu znajomych. Po koncercie pojechaliśmy na kolację. W samochodzie na tylnym siedzeniu leżał keyboard Yamahy, ciężki jak diabli, i ukochany saksofon Michasia Selmer – prezent od mamy Michasia na jego szesnaste urodziny, kupiony w komisie w Poznaniu za bajońską sumę.

Był upalny wieczór. Na chodniku przed restauracją w East Village rozłożone płachty, a na nich najprzeróżniejsze bibeloty. Handel w najlepsze. Zaparkowaliśmy tuż przy krawężniku, a usiedliśmy przy oknie, żeby mieć na oku samochód z instrumentami. Podszedł kelner, zaczęliśmy zamawiać. Co chwila zerkaliśmy wszyscy na samochód. Zamówiliśmy jedzenie i patrzymy, a boczne okno wybite. Wybiegamy z restauracji, a w samochodzie nie ma klawiatury ani saksofonu. Nagle wszyscy handlarze zniknęli. Biegaliśmy po ulicy, zaglądaliśmy, gdzie się dało. Ja w wysokich szpilkach biegam jak górska koza i modlę się o złapanie złodziei. Na próżno. Przyjechała policja uświadomić nas, że to wyjątkowa głupota zostawiać instrumenty w samochodzie na Manhattanie. Macie nauczkę, powiedzieli.

Obliczyliśmy, że cała „operacja" musiała trwać nie więcej niż dwadzieścia sekund. Imponujące tempo. Michaś płakał po swoim saksofonie jak małe dziecko.

Fever

Elvis Presley

Jedna z naszych europejskich tras w latach siedemdziesiątych
została przerwana moją dziwną chorobą. Lekarze nie wiedzieli,
co mi jest. Skoki gorączki – raz trzydzieści pięć stopni, a za chwilę
czterdzieści. Musieliśmy wracać do Polski. Był rok 1971, lato
stulecia. Podróż naszym peugeotem z niemieckiego Darmstadt
do Warszawy trwała dla mnie w nieskończoność. Wylądowałam
w warszawskim szpitalu, a zaopiekował się mną doktor Młodzki.
Podejrzewano nawet zapalenie zastawki sercowej. Korytarzem
przemykał ksiądz, a z okna widziałam kościelny krzyż.

Michał przychodził, szlochał i po chwili uciekał. „Is that all there
is?" – przypomniała mi się bardzo smutna piosenka Peggy Lee.
Zrobiono mi posiew na krew. Po kilku dniach radosna wiadomość.
Ula ma tyfus! (a dokładniej paratyfus B). Michał o mało nie zemdlał,
odbierając telefon ze szpitala. Ordynator go uspokoił, że to bardzo
dobra wiadomość, bo znamy wroga i pozbędziemy się go migiem.
Natychmiast przewieziono mnie do szpitala zakaźnego na Wolskiej.
Przebrano mnie w szpitalną koszulę i umieszczono z innymi dwoma
„tyfusami" w pokoju. Totalna izolacja i zastrzyki chloromycetyny,
jedynego leku na tę chorobę. Okazało się, że mam na niego uczulenie.
Dostawałam więc w prawą rękę dożylnie lek, a w lewą antidotum.
Niestety okazało się, że jestem nosicielką tyfusu.

Straszono mnie, że nie będę mogła jeździć za granicę, chyba że
poddam się końskiej kuracji. Przez dwa tygodnie dostawałam jeden
gram dziennie ampicyliny, czyli syntetycznej penicyliny. Kuracja
była potencjalnym zagrożeniem dla wątroby. Wątroba trzyma się
dzielnie do dziś, a końska kuracja wykurzyła chorobę na zawsze.

My Old Flame

Peggy Lee

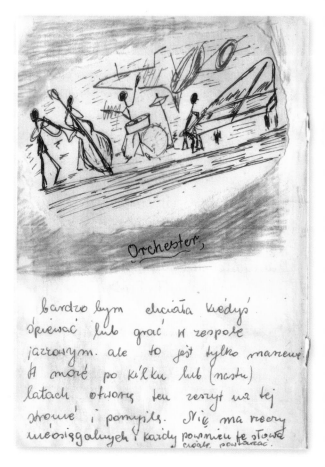

Orchester.

bardzo bym chciała kiedyś
śpiewać lub grać w zespole
jazzowym. ale to jest tylko marzeniem)
A może po kilku lub (nastu)
latach otworzę ten zeszyt na tej
stronie i pomyślę. Nie ma rzeczy
nieosiągalnych i każdy powinien te słowa
ciągle powtarzać.

● 1960 rok, lato, NRD.
Rysunek z mojego harcerskiego pamiętnika.
To już wtedy wiedziałam, czego chcę?
Podobasz mi się, Uleczko!

Rysunek obok mówi sam za siebie. Miałam szesnaście lat. Byłam zapaloną harcerką i mój pierwszy wyjazd zagraniczny był na międzynarodowy obóz harcerski w NRD, w miejscowości Werbellinsee. Zjechali harcerze ze wszystkich stron świata. A my to drużyna Makusyny z grupką harcerek nazwanych Makucóry, pod skrzydłami naszego kochanego pedagoga druha Zbyszka Czarnucha z Zielonej Góry. Na obozie trzeba było obowiązkowo codziennie pisać anonimowy pamiętnik i po całym zapracowanym dniu, przy wieczornej gawędzie i pewnego rodzaju wyciszeniu, druh Czarnuch zaglądał do naszych pamiętników (nie były podpisane!), codziennie składanych do ewentualnego wglądu. Druh niejednokrotnie komentował nasze wypociny. Pewnego wieczoru wziął mój pamiętnik do ręki i zaczął czytać po cichu. Zadrżałam, bo właśnie skarżyłam się w nim, że my, dziewczyny, spędzamy za dużo czasu w kuchni, a koledzy nam w tym w ogóle nie pomagają. „Czyj to?" – zapytał druh, biorąc do ręki mój pamiętnik.

Zawahałam się, czy się przyznać, bo można było siedzieć cicho, ale krzyknęłam: mój! „Fajnie piszesz" – skomentował. Od tego czasu pisałam regularnie i piszę do dziś. A na tym zlocie zakochałam się w Belgu, Johnie. W pamiętniku tak wspominam nasz wspólny wieczór i pożegnanie:

6 sierpnia 1960, Werbellinsee, DDR

Po występach artystycznych wszyscy poszli oglądać pokaz sztucznych ogni. My natomiast, czyli John i ja poszliśmy na małą przechadzkę. Usiedliśmy pod małym krzaczkiem i obserwowaliśmy pokaz fajerwerków. Tak nam było ze sobą dobrze, że ani przez chwilę nie pomyślałam o powrocie do gromady. Potem poszłam z nim do takiego małego zagajnika. Przedzieraliśmy się długo, żeby być jak najdalej od wrzawy, chcieliśmy być choć przez chwilę sami. Stanęliśmy pod wysokim drzewem. John popatrzył na mnie i powiedział moje imię takim tonem, jakby mnie uwielbiał. Usiedliśmy na ziemi i przytuliliśmy się do siebie. Tak mi było dobrze, tak mnie pięknie całował. Księżyc był taki jasny, śliczny i wspaniale oświetlał jego twarz. John ciągle powtarzał: Je t'aime, je t'aime. Ten moment utkwił mi na zawsze w pamięci. Po niedługiej chwili pomyślałam o powrocie. Pożegnaliśmy się szatańskim pocałunkiem i wróciliśmy do naszego obozu. Druh Czarnuch martwił się o mnie, ale wszystko się dobrze skończyło.

8 sierpnia 1960, Werbellinsee, DDR

*Tego dnia nigdy nie zapomnę. Ciągle mam łzy w oczach,
wspominając nasze pożegnanie z Johnym. Kiedy jego autobus
ruszał, Johny trzymał moją rękę, łzy mu ciekły po policzku i ciągle
powtarzał: Adieu one moment, adieu one moment. Nie! Nie mogę!
Nigdy nie przypuszczałam, że tak przeżyję jego odjazd.*

Mija blisko pięćdziesiąt lat. Jestem w Warszawie i przesłuchuję
moją automatyczną sekretarkę. A na niej głos kobiecy mówiący po
francusku, że opiekuje się Johnem, są w klinice w Cannes i proszą
o telefon. Moja sekretarka niestety nagrywa tylko kawałek numeru
z telefonu pozostawionego do oddzwonienia. Tylko numer
kierunkowy. Jestem zaskoczona i zmartwiona. On mnie szuka,
a ja nie wiem, jak go znaleźć. Próbowałam go namierzyć, ale bez
skutku, tym bardziej że nie pamiętam jego nazwiska.
Od tamtej pory cisza.

● 1960 rok, lato, NRD. Obóz harcerski w Werbellinsee.
Z druhem Zbyszkiem Czarnuchem. Ula po prawej, w berecie.

Blame It On My Youth

Nat King Cole

Mama uczyła mnie grać na pianinie, gdy chodziłam jeszcze do przedszkola, potem posłała mnie do zawodowej pianistki, aby w końcu po przeprowadzce do Zielonej Góry zapisać mnie do prawdziwej szkoły muzycznej przy ulicy Chrobrego. Mama postanowiła stanąć na głowie, żeby jej piętnastoletnia córka dostała się do szkoły, w której było dziesięcioro dzieci na jedno miejsce. Udało się! Zdałam egzamin bardzo dobrze. Koszt miesięczny – trzydzieści złotych. A entuzjazm? Traciłam go z lekcji na lekcję. Musiałam ćwiczyć nudne gamy i wprawki na pianinie. Nie ma to jak boogie-woogie!

Grałam w przerwach te imperialistyczne kawałki ku uciesze kolegów i koleżanek, a ku zgorszeniu nauczycieli. Już wtedy byłam zakochana w jazzie. Z klasyki podobał mi się tylko Chopin i „rozgryzłam" Etiudę Rewolucyjną. W tajemnicy przed światem udało mi się dobrnąć do jej środka. Ślęczałam nad rozpracowywaniem nut i ich wartości godzinami, zaniedbując szkołę. Nic dziwnego, że dostawałam naganę po naganie. W końcu wzięłam od mamy trzydzieści złotych na bieżące czesne, kupiłam za całą sumę landrynki i rozdałam je dzieciom w ogródku jordanowskim. Do szkoły muzycznej już więcej nie poszłam.

Po dwóch miesiącach mama przez przypadek dowiedziała się o mojej notorycznej nieobecności, a fakt skreślenia mnie z listy uczniów doprowadził ją do szału. Wtedy po raz pierwszy i ostatni w życiu dostałam od niej lanie. I to kablem od żelazka. Tak zakończyła się moja przygoda ze szkołą muzyczną. Od tamtej pory uczyłam się grać prywatnie. Lubiłam też zostawać w klasie szkoły średniej po lekcjach i śpiewać. Mój głos z pogłosem pustej sali brzmiał pięknie i szlachetnie. Zamykałam oczy, wyobrażając sobie, że stoję na wielkiej scenie, za mną duży zespół, a przede mną olbrzymia widownia, setki fanów wpatrzonych we mnie i zasłuchanych. To był świat marzeń, a rzeczywistość?

Pewnego dnia przyjechała z Warszawy do Zielonej Góry Zgaduj Zgadula – czyli estradowy program dla młodzieży. Do naszego zielonogórskiego teatru zabrano całą szkołę. W pewnej chwili konferansjer zarządził wydelegowanie po jednej osobie z klasy do udziału w jakiejś zabawie związanej z zaśpiewaniem piosenki. Cała klasa skandowała: „Ula, Ula, Ula". W panice schowałam się pod krzesło i musiano mnie na siłę stamtąd wyciągać. Zaśpiewałam, nie wiem co, ale z tak zwanym „kozim vibrato", czyli trzęsącym się głosem. Trema, jedna z największych, jakie pamiętam. Typowe „chciałabym, a boję się". Wiele lat prześladował mnie ten paradoksalny syndrom. Teraz jednak sytuacja się zmieniła – jeśli czegoś chcę, absolutnie się nie boję, idę jak burza i sięgam po to z determinacją i... gracją.

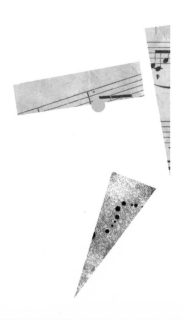

Jamajka

Birthe Wilke

Jedną z moich pierwszych sztandarowych piosenek była „Jamajka" śpiewana w oryginale przez Dunkę Birthe Wilke na festiwalu w Sopocie w 1961 roku. Tekst mówił o tęsknocie za tą piękną wyspą. Wczuwałam się w rolę dziewczyny, która musiała wyjechać gdzieś daleko, a wcale nie miała na to ochoty. Gdy śpiewałam „Jamajkę" w domu, mama i sąsiadki zalewały się łzami, potem ryczała moja klasa, a później cała szkoła.

Nagrałam tę rzewną „Jamajkę" dla zielonogórskiego radia i tamtejszy prezes zdecydował, żeby mnie zgłosić do ogólnopolskiego konkursu piosenkarskiego. Eliminacje, najpierw lokalne, potem wojewódzkie, i finał w Warszawie. Uczestników było około trzydziestu tysięcy. Dostałam się do finału. Radość wielka, stres jeszcze większy. Do Warszawy pojechał ze mną tatuś. Musiałam zaśpiewać obowiązkową piosenkę „Małe tygrysiątko" – wyjątkowy bzdet o drapieżnym tygrysku, który wstaje rano i chce mu się jeść, a potem rozgląda się za ślicznym panem dozorcą, który przyniesie mu mięsko w porcjach. No, ale każdy uczestnik finału musiał przełknąć ten niestrawny kęs. Rozhulałam się dopiero przy „I Can't Give You Anything But Love" z repertuaru Elli Fitzgerald. Marian Radzik z komisji rozradowany przekablował nam, czekającym na werdykt, że mamy (to jest tatuś i ja) wygrany telewizor. Podobno miałam zająć pierwsze miejsce, ale ktoś z komisji zaprotestował oburzony faktem, że za bardzo swingowałam. Pierwszą nagrodę zdobyła Zofia Gładyszewska z Poznania (nigdy potem o niej nie słyszałam), drugą Łucja Prus (później przez lata moja dobra koleżanka), ja dostałam trzecią.

Wracaliśmy do Zielonej Góry pociągiem, wioząc duże, ciężkie pudło z ośmiocalowym telewizorem Neptun. Gdy wysiadaliśmy na stacji w Zielonej, pomagał nam konduktor, a tatuś wręczył mu za to dwadzieścia złotych. Zdębiałam. Tyle forsy!!! Od tego czasu straciłam na popularności. Wszyscy, nawet sąsiedzi gapili się w telewizor, oglądając kolejny odcinek „Kobry", w ogóle nie zwracając na mnie uwagi. Był to pierwszy telewizor nie tylko w naszym budynku, ale w całej okolicy. A ja? Miałam za sobą pierwszy poważny konkurs piosenkarski. Kilka lat później nagrywałam w Warszawie piosenki, które pisał dla mnie sam Edward Czerny, ówczesny dyrektor polskiej orkiestry radiowej, dyrygent, kompozytor, aranżer. Na dobre wpisał się do historii muzyki rozrywkowej.

Kilka dni temu wróciłam z Rzeszowa, gdzie brałam udział w koncercie dedykowanym właśnie jemu, Edwardowi Czernemu. Koncert z wielką pompą i pieczołowicie przygotowany przez fundację córki Czernego, Emanueli, która z miłością i oddaniem pielęgnuje cały dorobek artystyczny ojca. Świetna orkiestra symfoniczna i grający z czadem big-band pod czujnym okiem i uchem Andrzeja Zubka spisał się fantastycznie. Stojąc na scenie, nie mogłam ukryć wzruszenia. Od tego czasu minęło pięćdziesiąt lat. A to nie było wczoraj?

Przedstawiamy zwycięzców

Urszula Dudziak — Zielona Góra (III) w rozmowie z członkami jury — Jerzym Chomickim, Mirosławem Dąbrowskim i Tomaszem Dąbrowskim.

• 1961 rok. Artykuł o konkursie piosenkarskim.
*Miałam dostać pierwszą nagrodę, ale komisja uznała,
że za bardzo swinguję, i wylądowałam na pudle jako trzecia.*

If You Don't Know Me by Now

Simply Red

Przez cały wakacyjny miesiąc pomiędzy dziesiątą a jedenastą klasą śpiewałam w klubie Pod Hybrydami z triem Krzysia Komedy. Mówiono o mnie, że swinguję, hotuję, czyli po prostu śpiewam z biglem, daję czadu. Mój brat Lesiu już wtedy świetnie grał na bębnach i gdy tylko Komeda go usłyszał, natychmiast go zaangażował. Lesiu nagrywał dużo muzyki do filmu, w „Nożu w wodzie" to właśnie on gra na perkusji.

Muszę opowiedzieć anegdotkę dotyczącą właśnie mojego brata. Po warszawskim koncercie wspaniałego amerykańskiego saksofonisty Stana Getza ten wielki mistrz jadł kolację w otoczeniu jazzowej ferajny. Ktoś nagle zapytał, co ma zamiar kupić za pieniądze zarobione w Polsce. Getz odpowiedział: antyki. Lesiu zrozumiał: indyki. Zapytał zakłopotany: „A ile tych indyków zamierza zabrać ze sobą do Ameryki?". Niedługo potem Lesiu zaczął jeździć za granicę z rozrywkowym składem, akompaniując polskim wokalistom, między innymi Danie Lerskiej.

Na początek Związek Radziecki. Zabrał ze sobą kilkanaście jazzowych longplayów, które wymienił w Azerbejdżanie na kulę haszyszu wielkości grejpfruta. Opowiadał nam później, jak to nadzy tubylcy przebiegają między krzakami haszyszu, a do ich spoconych ciał przylepiają się delikatne pyłki tego cennego ziela. Potem stają na gazecie i złuszczają z siebie wałeczki haszu, które z kolei ubijają w różnej wielkości kule. Lesiu przywiózł tego „grejpfruta" do Polski, odłamywał po kawałeczku i częstował nim kolegów, a nawet namawiał naszego ojca na spróbowanie. Gdy została mu już kula wielkości pomarańczy, zabrał ją ze sobą na

granie „do kotleta" w Norwegii. Nieźle ją spieniężył i kupił za to
piękne, nowe bębny Ludwigi.

Lesiu pełnił często funkcję ojca w naszej rodzinie, ponieważ
tatuś ciężko pracował i mieliśmy go raczej od święta. A braciszek
na wszystkim się znał i miał zawsze rację. Kibicował mojej
karierze z umiarkowanym entuzjazmem. Gdy skończyłam
czterdzieści lat, radził mi z troską zająć się czymś konkretnym.
Twierdził, że takie zawody jak kucharz, szewc, krawiec czy fryzjer
będą miały wzięcie zawsze. A sam studiował prawo.

Gdy skończyłam pięćdziesiąt lat, wziął mnie na stronę i zawzięcie
tłumaczył, jakie to ważne w pewnym momencie życia zdać sobie
sprawę z niebezpieczeństw czyhających na posiadaczy niepewnych
zawodów. Wymyślał dla mnie różne rozwiązania. „Może zaczniesz
uczyć śpiewu? Może skończysz jakiś kurs? Otworzysz salon
kosmetyczny? Ratuj się, siostro, przecież jak długo tak można
śpiewać, no i w takim stylu!" Kiedy skończyłam sześćdziesiąt lat,
powiedział: „Ula, ja się na tobie w ogóle nie znam".

Green, Green Grass of Home

Tom Jones

1961 rok, Zielona Góra. Świetlica szkoły nr 3 przy ul. Chopina.
Od lewej: Wiesiek Hudoń przy perkusji, przy pianinie Ula,
kontrabas trzyma prof. Władysław Korcz.
Siedzę tyłem, bo myślę, że jestem brzydka.

Po pięknej warszawskiej wakacyjnej przygodzie – śpiewaniu z Krzysiem Komedą w piwnicy Pod Hybrydami – wróciłam do Zielonej Góry, żeby zmierzyć się z wielkim i bardzo stresującym wyzwaniem, jakim była matura. Mojego pierwszego chłopaka Włodka M., w którym zakochałam się w dziesiątej klasie, a który często mnie lekceważył i podrywał inne dziewczyny, powołano do wojska. Musiałam więc nie tylko zabrać się ostro do nauki, ale też szybko się odkochać.

Z naszej klasy pamiętam dobrze prymuskę Jadzię Nowak. Rzadko się zdarza, że ktoś tak zdolny i pracowity jest lubiany, a ona była. Jarek Kuśmierek, też prymus, z niezwykłym poczuciem humoru. Siedziałam w ławce z Myszką (Maria Ławniczak), również zdolną, ale także uwodzicielską. Przychodziła do klasy w czarnej, bardzo wydekoltowanej koszulce. Kiedyś Jarek doradził jej, żeby włożyła sobie w ten obszerny dekolt gazetę do poczytania. Rysiu Romanowski, również celujący uczeń, nieszczęśliwie zakochany i porzucony, odebrał sobie życie strzałem z dubeltówki w jedenastej klasie. Szok na bardzo długo, a pamięć na zawsze. Danusia Meissner, przesympatyczna, wiecznie uśmiechnięta. Ala Boryta, Lila Łopacka, Mirka Kostera, Anetka Sorokulska, Danusia Zimnoch. To była zgrana, wesoła paczka. Miałam wtedy już swój pierwszy zespół muzyczny i grywaliśmy na szkolnych wieczorkach. Na saksofonie Jurek Markiewicz, na bębnach Wiesiek Hudoń, a ja przy pianinie, z wokalem.

Któregoś dnia poszła wieść, że wkrótce zawita do nas nowy matematyk. Gdy tylko wszedł do klasy, wszystkie dziewczęta zawyły z zachwytu. Piękny, przystojny brunet. Profesor Mirosław Arczyński. Byłyśmy w niego zapatrzone. Niestety z matmą byłam wyraźnie na bakier. Na pierwszy okres w klasie maturalnej miałam u niego słuszną dwóję. Chciałam ten stopień poprawić, ale szło mi bardzo ciężko. W pewnym momencie, stojąc przy tablicy, Arczyński poirytowany i zrezygnowany zadał mi ostatnie pytanie: „Dudziak, powiedz, co ty umiesz?". „Wzory redukcyjne" – odpowiedziałam ochoczo. Rzeczywiście to było coś, co rozumiałam i umiałam, a dlaczego akurat to, do dziś nie wiem. Historia powtarzała się co okres i zawsze, gdy byłam wzywana do tablicy, cała klasa chórem podpowiadała matematykowi: wzory redukcyjne. Po maturze pan Arczyński podsumował moje matematyczne zdolności tak: „Dudziak, ty na pewno będziesz umiała sobie przeliczyć gażę". I miał rację.

Natomiast matura śni mi się po nocach do dzisiaj. Atmosfera, klimat, stres z tym związany pozostawiły trwałe ślady w mojej głowie. Mimo że miałam nauczycieli, których bardzo mile wspominam, matura zawsze kojarzy mi się z nieludzką męką. Na pisemnym z matmy ściągałam od Jadzi Nowak, która siedziała przede mną. Wraz z błędami z jej brudnopisu. Czyli z pisemnego ewidentna dwója. Z innych przedmiotów jakoś przebrnęłam. Dzień przed maturą ustną dostałam pytania i odpowiedzi od zaprzyjaźnionego nauczyciela. Zdając jako jedna z pierwszych, bo na „D", wiedziałam, że mam ciągnąć pytania pierwsze z lewej. Ku zdumieniu dyrektora Florczyka, który był w komisji, zdałam matmę na piątkę. Z niedowierzaniem pokiwał głową i wypowiedział kilka razy: „Dudziak, oj, Dudziak". Za karę, że zdałam matmę w nieuczciwy sposób, do dziś dręczą mnie nocne koszmary.

Bonnie and Clyde
Serge Gainsbourg z Brigitte Bardot

Patrząc na moich kawalerów, można dojść do wniosku, że miałam czasami kompletnie niezrozumiały gust, bo na przykład – kiedyś przyszedł do naszej szkoły na potańcówkę podejrzany typ. Wyglądał tajemniczo. Nosił długi granatowy płaszcz ze srebrnymi guzikami, a przy uśmiechu świecił wybitą górną jedynką. Zakochałam się w nim natychmiast. Miał ksywę Mrówa. Był właśnie na urlopie z poprawczaka, w którym kiblował za dźgnięcie nożem rywala. Poszło o dziewczynę. Choćby z tego powodu Mrówa pobudzał moją wyobraźnię. Często chodziłam do jego domu na wagary. Kiedyś, gdy na chwilę wyszedł, przypadkowo zauważyłam jego pamiętnik i zaczęłam czytać. Gdy mnie na tym nakrył, zagroził, że mnie zabije, jeśli natychmiast pamiętnika nie oddam, i chwycił za kryształowy wazon. Wystraszyłam się nie na żarty, więc oddałam zeszyt i siedziałam cicho. Wszystko wróciło do normy. Mrówa wystawał pod moim domem przy Dąbrowskiego i gwizdał przebój „Głęboka studzienka", a ja dawałam mu znaki przez okno, że nie mogę wyjść albo że zaraz do niego przylecę. Byłam zasmucona, że wkrótce musi wracać do poprawczaka. „Chyba że napiszemy pismo niby od mojej matki, że jest chora i muszę się nią zaopiekować" – zaproponował.

List podpisałam nazwiskiem jego matki. Dzięki temu mógł zostać jeszcze tydzień. Po kilku tygodniach do klasy wchodzi milicja i wręcza mi pismo z sądu dla nieletnich. Zdrętwiałam z przerażenia, nie wiedząc, co jest grane. Do domu wróciłam w wielkim strachu i siedziałam cicho, licząc, że jakiś kataklizm typu trzęsienie ziemi mnie uratuje. Gorączkowo zastanawiałam się, co tak naprawdę mogło się wydarzyć i co ja mam z tym wszystkim wspólnego.

Kilka dni później tatuś wziął mnie na poważną rozmowę, z której dowiedziałam się, o co chodzi. Przyznałam się do sfałszowania podpisu matki Mrówy i czekałam w pokorze na karę, w głębi serca licząc jednak na rozgrzeszenie. Okazało się, że Mrówa pisał do mnie listy przechwytywane w poprawczaku przez wychowawców, w których ostrzegał mnie, żebym pod żadnym pozorem nie przyznawała się do podrobienia podpisu jego matki. Tatuś był wtedy ławnikiem w zielonogórskim sądzie i na jego prośbę ukręcono całej sprawie łeb. Była to moja pierwsza i mam nadzieję ostatnia kolizja z prawem.

Wyśbiemam Wam Wszystko

Circus

Eric Clapton

K oło naszego domu, od strony ulicy Jana z Kolna, co lato na zmianę stawała karuzela albo rozbijał swój olbrzymi namiot objazdowy cyrk. Widziałam to z okien domu przy Dąbrowskiego 19 (dziś 26). Największym świętem była chwila, kiedy wstawałam rano do szkoły i przez okno widziałam, że przyjechał cyrk. Byłam na każdym przedstawieniu. Najbardziej fascynowała mnie kobieta ubrana w strój tancerki, która miała przed sobą stolik, a na nim kilkadziesiąt prześlicznych dzwoneczków. Podnosiła je w różnej kolejności i wygrywała przepiękne melodie, pamiętam je do dziś. Marzyłam, żeby zostać cyrkówką, wygrywać na dzwoneczkach popularne melodie i co najważniejsze – jeździć po świecie i być podziwianą.

Naprzeciw nas mieszkała niemiecka rodzina Onderków. Wpadaliśmy do nich często z Leszkiem, a przede wszystkim do ich malutkiego i głębokiego basenu, w którym można było nawet ponurkować. Obok domu Onderków była rzeźnia, z której niemiłosiernie cuchnęło. A nasz dom? Pachniał dymem z przejeżdżających lokomotyw pomieszanym z zapachami z pobliskiej restauracji Widok. W domu nasza trójka. Leszek zapraszał do domu swoich kolegów i koleżanki na prywatki. Podglądałam, co tam się dzieje, przez dziurkę od klucza. Gdy sama podrosłam, zwyczaj podglądania przejęła moja młodsza siostra Danusia.

Dom wypełniały niekończące się bitwy, wrzaski, gonitwy, podczas których cierpiały najbardziej klamki, urywane podczas tych domowych wojen. Raz siostra rzuciła we mnie serem topionym. Trafiła w nos i zalałam się krwią. Innym razem mama nie mogła mnie i Leszka rozdzielić, więc zdesperowana rzuciła w brata encyklopedią, która rozcięła mu czoło. Kiedyś Leszek kazał mi posprzątać po swojej prywatce, zbuntowałam się i odmówiłam. Wtedy zamknął mnie w sypialni, wiedząc, że wybieram się z koleżankami do kina. Otworzyłam okno, zeszłam na ulicę po drzewie i tak poszłam na „Czarownicę" z Mariną Vlady. Do dziś pamiętam melodię z tego filmu.

Przy ulicy Akacjowej nasza koleżanka Czesia Pieprzyk (pseudonim Linda) miała swój własny pokoik na poddaszu. Gdy szłyśmy na wagary, to tylko do niej. Cały jej pokoik wyklejony był gwiazdami filmowymi. Wielki świat, prawdziwy Hollywood. Bardotka, Simone Signoret, Danielle Darrieux, Marina Vlady, Kim Novak, Gérard Philipe, Michèle Morgan i mnóstwo innych. Ja też miałam swoje ukochane miejsce. Na strychu urządziłam sobie malutki pokoik. Pasjonowałam się „Anią z Zielonego Wzgórza" i podobnie jak ona zakochałam się w starszym ode mnie chłopaku. Pamiętam nasz pierwszy pocałunek. Siedzieliśmy na łące, na której zazwyczaj stał namiot cyrkowy. Zbyszek zapytał: kochasz mnie? Ze strachu odpowiedziałam: tak. Ale to nie koniec. Zbyszek kazał mi przysięgać na wieżę kościoła, że mówię prawdę i tylko prawdę. Szybko przysięgłam, ułożyłam usta w przysłowiowego karpia i z zamkniętymi oczami wycelowałam w usta Zbyszka.

Miałam wtedy szesnaście lat, on kilka lat więcej, patrzył na mnie z góry, traktując mnie raczej jak smarkulę. Po tej pierwszej całowanej randce na moim małym poddaszu z wypiekami na twarzy napisałam:

Młodzieńcze ty marny człowieku,
śmiejesz się mówiąc o wieku,

ale ja kocham i nie przestanę i
jak mnie nie zechcesz, zakonnicą zostanę.
będę chodziła w czarnym habicie i
niczym mi będzie to piękne życie.

Jakiś czas temu przypomniałam sobie ten miłosny wiersz
i nabrałam odwagi do napisania „Wyśpiewam Wam Wszystko",
wierząc w moje literackie talenty.

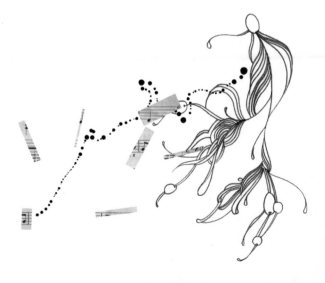

I've Found a New Baby

Django Reinhardt

● Lata 70., Sztokholm.
Od lewej: kolega tenisista, Dyzio Rudziński,
Michał Urbaniak, Włodek Gulgowski i ja.
Udaję, że gram – i tak już zostało.

Podobno zielonogórski klimat nie jest najzdrowszy. Niemcy,
kiedy miasto nazywało się Grünberg, zalecali mieszkanie tu
przez kilka lat, a potem przeprowadzkę. Między innymi dlatego
co roku z całą rodzinką wyjeżdżaliśmy na obowiązkowe wakacje
do kurortów w Międzyzdrojach, Pobierowie lub Rewalu. Spaliśmy
tuż przy plaży, pod przytarganym z domu namiotem, a mama
gotowała jedzenie na kuchence gazowej. Nie zapomnę starszej
ode mnie Magdy, która otoczona wianuszkiem fanów siedziała na
plaży i pięknie śpiewała jazzowe standardy, akompaniując sobie na
gitarze. Byłam nią zachwycona.

Kiedyś, przechadzając się w Międzyzdrojach jakąś willową ulicą, usłyszałam charakterystyczne pykanie. Przez szparę w żywopłocie ujrzałam zapierający dech w piersiach widok. Piękny młodzieniec, ubrany na biało, z gracją grał z kimś w tenisa. Tylko jego widziałam i natychmiast się w nim zakochałam. Próbowałam do niego dotrzeć. Wystawałam pod jego willą godzinami. Nigdy nie zobaczyłam go z bliska. Myślę, że od tego momentu pokochałam ten sport. Były takie okresy w moim życiu, kiedy grałam w tenisa prawie codziennie. Dzieliłam tę pasję z Michałem.

Kiedy Wojtek Fibak przyjechał do Nowego Jorku i zaczął odnosić światowe sukcesy, byliśmy cholernie dumni. Z kolei kiedy Irenka, mama Michała, przyjechała do nas w odwiedziny, nie mogła się nadziwić naszej głupocie. Mówiła, że nie gramy w deble, tylko w debile i że owszem, Fibak dostaje pieniądze za odbijanie tej głupiej piłki, ale my? Zamiast ćwiczyć gamy, dbać o biznes, to tak bezsensownie tracimy czas. Cytowaliśmy jej powiedzenie: mowa mową, a życie życiem.

Podczas turnieju w nowojorskim Forest Hills wdrapywałam się na rusztowania zbudowane przez amerykańską telewizję, prosiłam, żeby się posunęli, bo jestem z polskiej telewizji i też muszę mieć dobry widok kortu do filmowania meczu. Dziwili się, widząc w mojej ręce amatorską kamerę wideo do filmów domowych. Mam niezłą kolekcję filmów. Czasami podążaliśmy za Wojtkiem do innych miast, kibicując mu i śledząc jego inteligentne, sprytne walki na korcie. Kiedyś Wojtek oceniał nasze umiejętności i ja z całej grupy kilkunastu muzyków (jedyna kobieta) dostałam najwyższą notę za forhend. Przez Wojtka poznawaliśmy tuzów ówczesnego tenisa: Jimmy'ego Connorsa, Ivana Lendla czy Björna Borga. Wjeżdżaliśmy na nowojorski obiekt tenisowy w Forest Hills naszym fordem busem pełnym przyjaciół, fanów tenisa, a na desce rozdzielczej mieliśmy rozłożone rakiety. Na pytanie bramkarzy,

kim jesteśmy, Michał odpowiadał, że
ekipą Fibaka, a ci, co siedzą z tyłu, są
OK. Udawało się za każdym razem.
Przy obecnej ochronie na US Open te
opowieści brzmią jak wymyślone bajki.

Nie zapomnę Martiny Navratilovej
wchodzącej na kort w Forest Hills,
a były to jej początki, kiedy usłyszała
zapowiedź z głośników. „Prosimy
przywitać tenisistkę, która właśnie
wchodzi na kort. Panie i panowie,
przed wami Martina Navratilova,
Związek Radziecki". Martina, Czeszka
z krwi i kości, stanęła jak wryta. Rzuciła
torbę z rakietami na ziemię, wzięła się
pod boki i wrzasnęła na całe gardło:

2006 rok, Warszawa, Turniej J&S Cup.
Ula i Kim Clijsters.
Moje tenisowe słoneczko. Ale mi ciepło!

WHAT? Spiker szybko się poprawił, gorąco przepraszając.
Cztery lata temu Martina grała w turnieju J&S Cup w Warszawie.
Zapytałam, czy pamięta ten incydent. Odpowiedziała, że będzie
pamiętać do końca życia.

11 stycznia 1976, niedziela, Nowy Jork

*Siedzimy z Misiem w łóżku i oglądamy mecz tenisowy. Finał
dwóch wspaniałych tenisistek Chris Evert i Evonne Goolagong.
Grają o ogromną sumę pięćdziesięciu tysięcy dolarów. Właśnie
wygrała Chris. Jaką ona ma klasę i jakie uderzenie! Ja też tak chcę!!!
Na dworze pada mokry śnieg. W taki dzień dobrze nam w łóżku
z telewizorem przed nosem.*

Ale inflacja! Kilka dni temu Azarenka za wygrany Australian
Open dostała przeszło dwa miliony dolarów.

Tie Break

Michał Urbaniak

Kiedy kilka lat temu zadomowiłam się w Polsce na dobre, z wielka radością przyjęłam fakt, że odbywają się tu zawodowe turnieje tenisowe i towarzyszące im turnieje VIP-ów albo też turnieje wybitnie amatorskie, organizowane w uroczych miejscach z fantastyczną tenisową ferajną. Czekam na nie z niecierpliwością, a moja menedżerka zna mój grafik tenisowy i wie, że w czasie turniejów tracę pojęcie o śpiewaniu. Jednym z nich jest Porsche Open organizowany przez Krzysia Jordana w Poznaniu. Zawodowy, świetnie przygotowany, z towarzyszącym turniejem VIP-owskim.

Cofnijmy się o kilka lat. Jadę na deblowy turniej VIP-ów. Z kobiet mają grać również Agata Konarska, Jola Szymanek -Deresz, Alicja Resich-Modlińska. Okazuje się, że jestem jedyną kobietą, która dojechała. Mnóstwo facetów – sami gwiazdorzy i zapaleńcy. Gram nieźle, ale z tymi facetami nie mam żadnych szans. Tak myślę. Czuję też, że jeśli któryś z nich mnie wylosuje, to się skrzywi i szczerze zmartwi. Krzysiu Jordan rozpoczyna losowanie. Nagle wywołuje: Urszula Dudziak zagra w parze z Axelem Armandem. Bardzo się zdziwiłam. Wszystkich tenisistów VIP-ów grających w tym turnieju znam, ale o Armandzie słyszę po raz pierwszy w życiu. Zaczynam się nerwowo rozglądać. „Tu jestem" – melduje się pan Armand. Przede mną stał Apollo. Zatrzęsło mną z wrażenia. Czy to jest klon tego pięknego tenisisty, którego ujrzałam kilkadziesiąt lat temu w Międzyzdrojach i zakochałam się od pierwszego wejrzenia? Wysoki brunet, opalony, pięknie zbudowany, z rozbrajającym uśmiechem obnażającym jego perłowe uzębienie.

Wzięłam głęboki oddech i skarciłam siebie po cichu. Opanuj się, kobieto, przecież widziałaś już w życiu niejednego przystojniaka, nie czerwień się. Udaję, że patrzę na niego obojętnie, i tłumaczę od razu, że gram tak sobie, ale z wielkim zapałem. Odpowiada, że też jest średni. Odetchnęłam z ulgą.

Okazało się, że jest Francuzem, jednym ze sponsorów turnieju, i ma dwadzieścia osiem lat. Po południu zaczynają się rozgrywki. Przeżywam następny szok. Gra jak zawodowiec. Stoję na korcie wpatrzona w niego jak sroka w gnat. Coś tam odbijam, coś tam serwuję, ale to on lśni, błyszczy, zachwyca. Po chwili wszyscy, którzy akurat nie grali, przybiegli na nasz kort obserwować Armanda. A ci, którzy grali obok, zerkali ze zdumieniem i niepokojem. Doszliśmy do finału, nie dając nikomu żadnych szans. Jedynym minusem był fakt, że w ogóle sobie nie pograłam. Z drugiej strony trochę się Armandem pozachwycałam.

Turniej trwał kilka dni i każdego wieczoru był koncert, a potem balanga. Tego wieczoru w poznańskim Starym Browarze wystąpił znany trębacz Chris Botti. Po koncercie zaproszenie na dyskotekę w podziemiach Browaru. Axel, który nieźle mówił po polsku, namawiał, żebym z nim poszła. „Załatw sobie jakąś laskę sam – śmiałam się – ale pilnuj się, bo jutro o jedenastej gramy finał" – przypominałam, grożąc palcem. Wróciłam do hotelu. Następnego dnia czekam od jedenastej na korcie. Axela nie ma. Przeciwnicy grożą walkowerem, Axel przepadł. W końcu dowlókł się z godzinnym opóźnieniem, stratowany i wymęczony. Przegraliśmy finał do zera. Mój Apollo nie mógł trafić w piłkę.

Przez resztę dnia nieustannie mnie przepraszał. Wieczorem poszliśmy na pożegnalne party. Było kilka miłych przemówień. Pod koniec wzięłam mikrofon. W kącie stał smutny Armand. W kilku słowach podziękowałam mu, zaznaczając, że gdyby nie on, nigdy bym nie dotarła do finału tego turnieju. Armand wyszedł z kąta i na dobre się rozweselił. Od tego czasu jesteśmy przyjaciółmi. I coś jeszcze – jako szesnastolatek był mistrzem Francji juniorów.

1977 rok, Nowy Jork.
Od lewej: Rysiu Horowitz, Leszek Świerszcz, Wojtek Fibak, Ula, Ela Świerszcz, Stan Borys.
Silna grupa tenisowa pod auspicjami naszego guru Wojtka Fibaka.

I'm Beginning to See the Light

Ella Fitzgerald

W domu to mój starszy brat Leszek dyrygował mną i o sześć lat młodszą siostrą Danusią. Był najważniejszy po ojcu. Dostawał zawsze największe porcje mięsa na obiad i ogromną furę ziemniaków. Mama narzekała, że strasznie dużo je i chyba dlatego tak szybko rośnie, albo odwrotnie. W domu było skromnie. Jedliśmy mięso tylko w niedzielę. Do szkoły mama dawała nam codziennie to samo – chleb ze smalcem i jabłko.

Brat jeszcze jako nastolatek zaczął grać na pożyczonym kontrabasie i wykłócał się z ojcem, że na bas nie ma nut. Potem to samo było z perkusją. W Zielonej Górze, kiedy miałam czternaście lat, a on osiemnaście, powiedział do mnie poważnie: „Teraz modny jest jazz. Posłuchaj, jaka to świetna muzyka". Posłuchałam i zwariowałam. To była miłość od pierwszej nuty.

Leszek zabierał mnie czasami na słynne „fajfy" do Restauracji Piastowskiej (fajfy chyba dlatego, że wstęp kosztował pięć złotych) – czyli potańcówki z muzyką rockandrollową. Przy ulicy Dąbrowskiego, gdzie mieszkaliśmy, była fabryka mierników elektrycznych Lumel. Śpiewałam tam przy okazji rocznic lub akademii. Z fabrycznym zespołem przygrywałam też na pianinie, do tańca, ale najbardziej lubiłam popisywać się na okolicznościowych potańcówkach. Uprosiłam mamę, żeby mi uszyła kloszową ciężką spódnicę z najmodniejszego niebieskiego flauszu. Grube, beznadziejnie bure pończochy „patentki" i bladoróżowy pasek do pończoch przefarbowałam na czarno. Do tego założyłam czarną bluzkę z łódkowym dekoltem z rękawami trzy czwarte, no i czarne czółenka „kaczuszki".

Podczas rockandrollowych piruetów spódnica okręcała się wokół talii, odsłaniając moje przefarbowane cuda na, podobno, zgrabnych nogach. Co za nieziemski podryw!

Leszek trzymał nas, siostry, krótko i często krytykował. Choć stawałyśmy na ogół okoniem, to z reguły miał rację. Od wielu lat mieszka w Szwecji. Niedawno wziął się ostro za ćwiczenie na perkusji i bębni od rana do wieczora. Może sobie na to pozwolić, bo na szczęście jest już na emeryturze i nie musi codziennie chodzić do pracy.

Ale wracając do zielonogórskich czasów... W nagrodę za moje dobre sprawowanie, czyli sprzątanie prywatkowego bałaganu Leszka, brat zabierał mnie do Wrocławia. Wpadaliśmy do słynnego Pałacyku czy Piwnicy Świdnickiej, gdzie grało się jazz. Leszek studiował prawo i był studentem rozrywkowym. Byłam dumna, kiedy pewnego wieczoru w Piwnicy Świdnickiej na oczach znajomych zjadł szklankę, a następnie żyletkę. Aby ich jeszcze bardziej zestresować, przerzucił się na kufel. Tymi popisami dorabiał sobie na studia. Jedzenie metalu i szkła mnie nie kręciło, natomiast nauczyłam się wtedy gasić papierosa na języku. Podkochiwałam się w tamtym czasie w koledze Leszka Stefanie. Przeszło mi nagle, kiedy zobaczyłam go uchlanego do nieprzytomności, puszczającego kolorowego pawia.

Zmieniam tematy, ale to przecież opowieść o moim życiu, która snuje się tak, jak ją sobie przypominam. Jasiu Muniak, znany i lubiany saksofonista, kiedyś niestroniący od alkoholu, a teraz wróg picia, grał w orkiestrze na festiwalu w Sopocie. Po nocnej balandze, dramatycznie skacowany, poszedł do fryzjera, żeby się ogolić, chciał dobrze wyglądać podczas finałowego koncertu. Gdy elegancki fryzjer golił Jasia, nagle zrobiło mu się niedobrze i puścił do umywalki pawia. Zaraz po tym podniósł głowę i przemówił: „Golisz pan, że rzygać się chce".

Po tej anegdocie wracam do rozrywek w Zielonej Górze.
Z utęsknieniem czekałam na niedziele, bo tego dnia odbywały
się zawody żużlowe. Tatuś sędziował, a ja siedziałam przy nim
i przeżywałam każdy bieg żużlowców. Kiedy się przewracali,
zasłaniałam oczy rękami. Podkochiwałam się wtedy platonicznie
w jednym z zawodników, który miał na nazwisko Ptak.
Mówiłam na niego: mój kochany Ptaszek. Nieraz jeździłam
z tatusiem na mecze do Gorzowa, siedząc z tyłu na motorze
Junak i krzycząc tatusiowi do ucha: „Szybciej, tatusiu, szybciej!".
Mama buntowała się, siedząc w domu, nie lubiła żużla, chciała
się nacieszyć mężem chociaż w niedzielę wolną od pracy.
Moja miłość do żużla przetrwała do dziś. Gdy tylko mam czas,
wsiadam w pociąg i jadę do Zielonej Góry kibicować mojej
drużynie Falubaz.

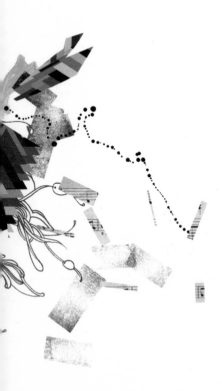

Manhattan

Dinah Washington

Miesięczne granie w nowojorskim klubie Max's Kansas City zaczęliśmy 8 maja 1974 roku. Zaczynaliśmy o ósmej wieczór i graliśmy trzy wyczerpujące sety. Wracaliśmy do domu o drugiej w nocy. Na premierze byli wszyscy ważni z CBS i groźny, gniewny krytyk z „New York Timesa" John Wilson. Klub pękał w szwach. Michał zapowiadał i dziękując prezydentowi Columbii Bruce'owi Lundvallowi, po prostu zapłakał. Tak bardzo wzruszył się dzielny „Presley", jak Michała nazywali w wytwórni Columbia, co doprowadzało Michała do szału. Columbia twierdziła, że to świetne marketingowo. Michał zaczął utwór „Bengal" drżącą ręką, a w „Deep Mountain" pomieszały mu się części. No, ale na koniec dostał siarczyste brawa i gratulacje.

Była też Ela Czyżewska. Powiedziała do mnie: „Świetnie śpiewasz, ale ubrana jesteś, Uleczko, fatalnie". Pamiętam, że miałam białą bluzkę i białe spodnie. „Musisz do mnie przyjść, to coś wymyślimy" – powiedziała. Kilka dni później poszłam do niej, mieszkała w pięknym kilkupiętrowym

Lata 70., Nowy Jork. Zdjęcie promocyjne.
No, jeśli wtedy myślałam o sobie,
że jestem brzydka, to miałam
coś niedobrze z głową.

fot. Piotr Zalewski

brownstonie na East Side. Na górze pisał David Halberstam,
jej ówczesny mąż, a na dole Ela ubierała mnie w swoje piękne
ciuchy. Podarowała mi wtedy dziesięć cudownych sukien. Miałam
zmartwienie, bo od lat goniłam zawsze w spodniach. Z czasem
przekonałam się do sukien i robiłam w nich za gwiazdę.

Granie w klubie było coraz lepsze. W radiu bez przerwy
puszczano reklamówki naszych koncertów. Po Nowym Jorku
rozniosło się, że gra świetny polski zespół. Często przychodzili
ci sami ludzie. Rozdzwoniły się telefony. Nie można było dłużej
pospać. Michał wstawał po pierwszym telefonie, zawijał go
w ręcznik i wkładał do szuflady. Nie spał, nasłuchując, czy
przypadkiem telefon nie dzwoni. John Wilson z „New York
Timesa" napisał, że gramy muzykę dla masochistów. Na pewno
nie znosił elektrycznej muzyki, granej na full. O mnie napisał parę
ciepłych słów. Doszliśmy do wniosku, że nie zna się na muzyce,
chociaż poznał się na mnie. Po jednym z grań w klubie napisałam:

*Jest cholerny upał, ale śpiewa mi się coraz lepiej. Wczoraj miałam
nawet kilkuminutowe solo. „Mały" (Czesław Bartkowski) gra
świetnie na przezroczystych bębnach, a Wojtek (Karolak) schowany
w kącie zatyka sobie uszy watą. Wczoraj rano pojechaliśmy
na pogrzeb Duke'a Ellingtona w pięknej katedrze St. John the
Devine. Śpiewała moja pani Ella Fitzgerald i Joe Williams. Potem
z głośników poleciała ballada nagrana przez Johnny'ego Hodgesa.
Płakaliśmy wszyscy.*

1977 rok, Nowy Jork. *W sukni od Eli Czyżewskiej.*

I've Got a Crush on You

Sarah Vaughan

27 marca 1975, Nowy Jork

Płyta „Fusion III" gotowa i „Funk Factory" też. Mamy próbne egzemplarze. Na rynku ukażą się za miesiąc, a mniej więcej za trzy miesiące będzie wiadomo, czy spełnią nadzieje w nich pokładane. Zobaczymy.

To był dla mnie okres wewnętrznego niepokoju, chwilowych ekstaz i smutku. Zakochałam się w naszym tour menedżerze Marcu Silagu. Oczywiście platonicznie i w wielkiej tajemnicy przed prawie całym światem. Mój mąż Michał bardzo go lubił i często chwalił, a Marc był Michałowi bardzo oddany. Był młodszy od nas o prawie dziesięć lat. O moich uczuciach wiedziały tylko moje przyjaciółki. Pierwsza z nich Madzia – Magdalena Golczewska, skrzypaczka z Metropolitan Opera – była przyjaciółką Michała od dziecka. Wychowywali się razem w Łodzi, mieli w przyszłości zostać wirtuozami skrzypiec. Spotkali się po latach w Nowym Jorku, na czym bardzo skorzystałam obdarowana przyjaźnią Madzi na całe życie. Madzia z kolei kochała się w naszym niepokornym pianiście Włodku „Golemie" Gulgowskim. Ewa Giera, ksywa Budźka, była drugą wtajemniczoną. Była akurat zakochana w liderze zespołu Novi Singers, Bernardzie Kafce, co nie było żadną tajemnicą. Trzecią, której wyznałam swój sekret, była Ania Bogusz, żona Rysia Horowitza, z którą przyjaźnię się do dziś. Podtrzymywały mnie na duchu i z cierpliwością wysłuchiwały moich obsesyjnych monotematycznych zwierzeń i fantazji.

Wyśpiewam Wam Wszystko

Śpiewałam dla Marca, komponowałam i pisałam teksty, chodziłam na masaże, gimnastykowałam się, ćwiczyłam wokal, a w pamiętniku jest wiele stron opisujących mnie stęsknioną za lasami, górami, co miało odzwierciedlić mój stan ducha i tęsknotę za czymś pięknym, nowym, innym. Wyobrażałam sobie siebie stojącą na szczycie góry i zamieniającą się w ptaka, który pofrunie wysoko, daleko. Taka podróż, żeby poczuć się wolną. Oczywiście o Marcu w pamiętniku ani mru-mru, bo przebiegły Michał mógł zajrzeć do niego w każdej chwili, a wiem, że to robił. Michał był bardzo posesywny i jego pogląd na związek był jednostronny i bardzo ograniczony. Zasada jedna. Wszędzie razem i na tym koniec. Bez dyskusji. Nie było mowy, żebym gdziekolwiek poszła sama, nawet na urodziny koleżanki, bo akurat Michał nie mógł ze mną pójść. Kiedy wychodziłam z domu do miasta, musiałam co pół godziny dzwonić i referować, gdzie jestem i co robię. Jedynie na zakupach dawał mi spokój. Według Michała powinniśmy spędzać razem całą dobę. Zawsze o tym mówił i obsesyjnie tego przestrzegał. Kiedy Ania chciała mnie zabrać do Metropolitan Museum, powiedział do Ani: „Nie zrobisz z Uli intelektualistki". Ania pamięta to do dzisiaj. Taki związek mnie zatykał i dusił, a zakochanie się było dla mnie wentylem terapeutycznym. Marc był świetnym obiektem. Miły, wesoły, uczynny, inteligentny, ale bardzo młody, czyli dla mnie bezpieczny, niegroźny, zero planów na wspólną przyszłość. Zresztą nie wyobrażałam sobie życia bez Michała.

Korciło mnie, żeby powiedzieć Marcowi o moim uczuciu. Pamiętam, byliśmy w nowojorskim klubie Bottom Line, trwały przygotowania do koncertu. Marc trzyma w ręce plik naszych pocztówek reklamowych, żeby je rozłożyć na każdym stoliku. Podchodzę do niego i mówię: „Marc, I fell in love with you" (Marc, zakochałam się w tobie). Zrobił wielkie oczy i z przerażenia wypuścił z ręki na ziemię kilkadziesiąt pocztówek. Kilka dni

później Michał podczas nagrywania płyty „Funk Factory"
poprosił Marca o przyniesienie z naszego mieszkania, które
było bardzo blisko studia, małego wzmacniacza do skrzypiec.
Poszłam z nim, żeby otworzyć drzwi. Już mieliśmy wychodzić
z mieszkania, a tu Marc nagle usiadł na sofie i powiedział: „Ula,
co masz zamiar zrobić z uczuciem, jakim mnie darzysz?". Nagle
dostałam pietra. Odpowiedziałam: nic. Wstał, zabrał wzmacniacz
i wyszliśmy. Całą drogę milczeliśmy. Nie wiem, co myślał, czułam
się głupio. Ta miłość rozpalała mnie jeszcze przez pół roku. Potem
Marc od nas odszedł i postanowił pójść na studia.

Często o nim myślałam i zastanawiałam się, co robi, jak
wygląda. Minęło trzydzieści pięć lat. Siedzę w moim mieszkaniu
na Marszałkowskiej w Warszawie, dzwoni telefon. Odbieram. Po
drugiej stronie Marc Silag. Ale szok. Okazało się, że jeździ z Patem
Methenym jako tour menedżer i jest właśnie z nim w Warszawie.
Był menedżerem wielu znanych artystów, między innymi Chrisa
Bottiego. Poprzedniego wieczoru był na kolacji w warszawskiej
restauracji z ekipą i zapytał, czy ktoś ma do mnie telefon. Ktoś
miał. Poszłam na zachwycający koncert Pata w Sali Kongresowej.
Po koncercie za kulisami odszukałam Marca. Oczywiście ten
smukły chłopaczek zmienił się w starszego pana, który ma rodzinę
i podobnie jak ja jest szczęśliwy.

Hard to Handle

Otis Redding

25 maja 1975, Milwaukee

Przyjechaliśmy tu na całe tygodniowe granie. Miś szczęśliwy,
bo zespół gra fantastycznie. Muzycy kochają swojego lidera,
są wpatrzeni, słuchają go jak pies trąby. W południe byliśmy
w tutejszej telewizji. Koń by się uśmiał. Występowaliśmy
w programie dla znudzonych żon, między loteriami. Miś opowiadał,
a ja przytakiwałam, ale czy rozumiano, o czym Misiu mówił?
Wątpię.

Dzwonił nasz roadie Marc z Nowego Jorku. Podobno jestem na
drugim miejscu na świecie TDWR (Talent Deserving of Wider
Recognition – talent zasługujący na większe uznanie) w kategorii

● 1977 rok, Nowy Jork.
Nasz zespół od lewej:
Laurenda Featherstone,
Ula, Michał Urbaniak, Kenny
Kirkland, Tony Bunn.
*Muzyka czarna jak heban,
obok Ula brzoza i Michał dąb.*

wokalistek w prestiżowym magazynie „Down Beat". Najpierw się
rozpłakałam ze wstydu, a potem zatrzęsłam ze strachu. Trudno
mi w to uwierzyć i paraliżuje mnie taka odpowiedzialność.
Dobre recenzje i tego typu wyróżnienia wyraźnie mnie peszą i nie
wiem, jak sobie z tym poradzić. Zamiast skakać do góry, szaleć
z radości, kurczę się, chowam i często wstydzę. Nie rozumiem, o co
chodzi. Czy to okropne kompleksy biorą górę, czy przekonanie,
że sobie na takie wyróżnienia nie zasłużyłam? Może powinnam
pójść na terapię? Muszę coś z tym zrobić, bo tę moją niepewność
i zakłopotanie na pewno widać, a Amerykanie traktują to jako
brak wiary w siebie, co z kolei jest negatywną cechą charakteru,
szczególnie u artysty. Kto mi pomoże?

18 października 1975, Nowy Jork

W „Chicago Tribune" ukazała się recenzja naszego koncertu
z Weather Report. Napisał ją niejaki Dick Saunders. To, co
tam wypisał, jak zwykle mnie peszyło. Jeden skromny akapit
o naszym zespole, drugi obszerniejszy o Weather Report i trzeci
najobszerniejszy o mnie. Aż wstyd tłumaczyć ten tekst na ojczysty
język. Na koniec napisał, że jest w moim fanklubie i z tą burzą
rudych włosów kojarzę mu się z Maggie Smith. Kto to jest ta cała
Smith? Muszę się dowiedzieć.

Until now, incidentally, Taylor won a **down beat** poll only once (TDWR pianist in the 1962 Critics Poll).

As usual, the Talent Deserving of Wider Recognition category provides something of a look at the stars of tomorrow, the lesser-known names who often are heavier players than their counterparts in the Established division. But victory in a TDWR category in the **db** Critics Poll, of course, doesn't in any way insure greater exposure, record contracts, and the like. The number of repeat winners in TDWR this year proves it: Billy Harper, Karl Berger, Gerry Niewood, Howard Johnson. Jon Faddis—superior musicians whose careers should be further along now than they are, and hopefully soon will be.

Other TDWR names to be reckoned with: Oregon, combo winner whose victory is a true shot in the arm for a fusion music from the acoustic side of the coin; Dee Dee Bridgewater, a multifaceted vocal talent who reflects in her style that of her winning counterpart in the Established division, Sarah Vaughan; Perry Robinson, one of the few precious modern clarinet voices; John Abercrombie, the guitarist's guitarist; Michal Urbaniak, the folk-funk Polish violinist; and an-

other transplanted Eastern European, bassist George Mraz. Still other TDWR winners have been on the scene for many years, and only now are achieving slight notoriety: Sam Rivers, Dollar Brand, Steve Swallow, Billy Higgins, Eddie Jefferson, Randy Weston, Michael Gibbs, John Surman. Perhaps the strangest set of victories was achieved by Jackie and Roy Kral, who won both Established and TDWR vocal group honors. (Last year, the Pointer Sisters pulled off the same weird trick in the same category. How can an act be established and deserving of wider recognition at the same time?) Finally, it's worthwhile to read down the whole list of names in each TDWR category, for many of the runners-up are helping to shape the future direction of the music, too: Paul McCandless, Anthony Braxton, Bob James, Jan Garbarek and his quartet with Bobo Stenson, Kenny Wheeler, Ursula Dudziak, and many more.

Few surprises and fewer new winners turned up in the Established division this year. Dizzy, Elvin, Rahsaan, Thad & Mel, McCoy, Keith Jarrett, B.B., Jimmy Smith, Airto, Ponty, Stanley Clarke, Wayne Shorter, Gary Burton, Gil, Mulligan—all of these men own their categories for the second (and

sometimes more) year in a row. Even the new winners came as no surprise: Joe Pass' landslide on guitar comes after a revitalized year of thrilling live dates, several superb discs for Pablo, and a **db** cover story; the critics finally woke up and recognized that the top flautist on the scene is Hubert Laws; Ron Carter's generally higher visibility enabled him to step ahead of Richard Davis on acoustic bass; Phil Woods' consistently fine work and Ornette's relative inactivity resulted in a new critics' choice on alto; and Sassy has just been working more and singing stronger than Miss Ella.

A word about the voting: balloters were allowed nine votes in each category in each division. They could split the votes as many as three ways, with no single performer to be allotted more than five votes per category. Each critic was allowed three Hall Of Fame choices, each counting one vote apiece, and one choice each in Record of the Year and Reissue of the Year.

NOTE: IN THE FOLLOWING LIST OF RESULTS, A DARK STAR MARKS ESTABLISHED TALENT, AND A WHITE STAR MARKS TALENT DESERVING OF WIDER RECOGNITION.

BIG BAND ★

111 **Thad Jones/Mel Lewis**
61 Count Basie
53 Gil Evans
45 Woody Herman
42 Sun Ra

☆

25 **Clark Terry**
21 Bill Watrous
20 Maynard Ferguson
20 J.C.O.A.
16 Gil Evans

COMBO ★

59 **McCoy Tyner**
32 Miles Davis
27 Weather Report
21 Keith Jarrett
21 Cecil Taylor Unit
21 Supersax

☆

28 **Oregon**
20 Art Ensemble of Chicago
19 Supersax
17 Garbarek-Stenson Quartet
17 Soprano Summit
13 Chuck Mangione

BLUES/R&B GROUP ★

62 **B. B. King**
33 Stevie Wonder
17 Muddy Waters
16 Herbie Hancock
14 Earth, Wind & Fire
13 Buddy Guy/Jr. Wells

☆

10 **Blackbyrds**
10 Otis Rush
9 Robert Jr. Lockwood
7 B. B. King

MALE SINGER ★

58 **Joe Williams**
52 Mel Torme
34 Ray Charles
25 Stevie Wonder
16 Joe Turner

☆

14 **Eddie Jefferson**
13 Joe Lee Wilson
12 Andy Bey
12 Gil Scott-Heron

FEMALE SINGER ★

109 **Sarah Vaughan**
63 Ella Fitzgerald
59 Carmen McRae
24 Aretha Franklin
21 Dee Dee Bridgewater

☆

37 **Dee Dee Bridgewater**
28 Ursula Dudziak
20 Cleo Laine
19 Ko Ko Taylor

VOCAL GROUP ★

50 **Jackie & Roy**
45 Pointer Sisters
14 Singers Unlimited
13 Steely Dan
9 Labelle

☆

13 **Jackie & Roy**
11 Blue Magic
10 Manhattan Transfer
9 Staple Singers

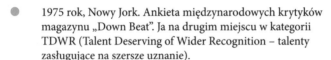

● 1975 rok, Nowy Jork. Ankieta międzynarodowych krytyków magazynu „Down Beat". Ja na drugim miejscu w kategorii TDWR (Talent Deserving of Wider Recognition – talenty zasługujące na szersze uznanie).

Znowu się chwalę. Ja to kocham w dalszym ciągu!

On the Road Again

Bob Dylan

12 października 1975, niedziela, Chicago

Tym razem graliśmy nie w klubie Quiet Knights, ale w eleganckim Auditorium Hall. Otwieramy koncert dla Weather Report. Zresztą nie pierwszy raz. Tydzień temu graliśmy też z Weather Report w Waszyngtonie. Oni grają niesamowicie. Nowa muzyka z wyjątkowym rajcem, a duet Zawinula z Shorterem to najwyższa szkoła jazzowej jazdy. Potrafią rozgrzać publiczność do czerwoności. Wielka sztuka. Zaprzyjaźniliśmy się z Joe Zawinulem, Wayne'em Shorterem, Alphonso Johnsonem, Chesterem Thompsonem. Nasz zespół gra, aż wióry lecą. Olbrzymia frajda.

Po koncercie pogaduszki z muzykami z tego wspaniałego zespołu. Joe ostrzegał nas przed komercjalizmem, namawiał na obowiązkowe ćwiczenia relaksacyjne i zdrową dietę. Według niego Hancock jest świetnym muzykiem, ale ma nudny zespół – cytował tu ostatnią jego płytę „Man-Child". Chick Corea to według niego muzyk zimny, wyreżyserowany i bez serca. A Miles to magia. Ciekawe spostrzeżenia. Mamy też umówiony wywiad do „Down Beatu". Ciągle mamy nadzieję, że „Papaya" będzie hitem. Kilka stacji już ją gra, ale to mało. Z początku w Ariście wszyscy szaleli z zachwytu. Potem był czas niepewności, zwątpienia. Teraz nikt nie wie, co będzie. Może to cisza przed burzą? A może w ogóle burzy nie będzie lub tylko przejdzie gdzieś bokiem i nawet jej nie spostrzeżemy ani nie usłyszymy?

You Are So Beautiful

Joe Cocker

21 lutego 1976, sobota, Nowy Jork

Od tygodnia mieszka u nas Jasiu Byrczek. Podejmuje szereg decyzji, jest podekscytowany, przychodzi skonany, pełen nadziei i za chwilę pełen zwątpienia. Organizuje filię magazynu „Jazz Forum" i nawiązuje potrzebne mu kontakty, namawiając Misia do współpracy. Chodzimy razem po klubach, a naszym ulubionym jest Mikkels przy Amsterdam Avenue. Pewnego wieczoru niespodziewanie wyszedł na scenę bosy, wychudzony, obszarpany facet. Zaczął śpiewać. Zamurowało nas. Po chwili poznaliśmy go. Był to Joe Cocker. Byliśmy wstrząśnięci. Jest to strzęp człowieka o przebogatej wrażliwej duszy. Byrczek powiedział: „Bóg akceptuje ludzi, a kocha śpiewaków". W jego śpiewie było coś tak przejmującego, że jeżyła nam się skóra. Byliśmy tak przejęci, że każde z nas nie spało do rana. Wczoraj byliśmy w Carnegie Hall. Grali George Benson, Freddie Hubbard i Stanley Turrentine. Dużo dobrego jazzu, ale czasami nużącego, szczególnie kiedy się improwizuje na jednej funkcji przez piętnaście minut. Freddie zagrał przepięknie balladę. Benson grał i śpiewał też cudnie, a Turrentine był wspaniały. Przypomniały mi się nasze podróże z Misiem po bezdrożach północnej Szwecji, a potem nasze podróże po całej Europie z adapterem Philipsa na baterię i z płytami pod pachą – właśnie tych muzyków. Wiadomość z ostatniej chwili z naszej firmy płytowej Arista:

„PAPAYA" JEST NA PIERWSZYM MIEJSCU W MEKSYKU. HURRA!!!!!!

Lili

Doris Day

Jest kilka standardów jazzowych, które uchodzą za wyjątkowe i są chętnie grywane przez jazzmanów. Do takich zaliczam „On Green Dolphin Street" i „Invitation". Zachwyca piękna linia melodyczna i harmonia. Nie przypuszczałam, że kiedykolwiek poznam kompozytora tych perełek.

8 czerwca 1976, wtorek, Los Angeles

W niedzielę byliśmy u Bronisława Kapera, kompozytora przepięknych standardów jazzowych „On Green Dolphin Street", „Invitation", no i muzyki do filmu „Lili" z Lessie Caron. Opowiadał, jak kocha fechtunek, i poznał nas z Japończykiem, który do niego przychodzi i walczą zawodowo, ciesząc się z tej rywalizacji jak dzieci. Mieszka w pięknej willi w dzielnicy Beverly Hills, która w większości, o dziwo, nie ma chodników dla pieszych. Wyjątkowo nieprzyjazny pomysł. Jeździ się tam tylko samochodami. Wille szczelnie ogrodzone, pilnie strzeżone przed intruzami, a w szczególności przed aparatami fotograficznymi. Bronisław chwalił się swoimi drzewami cytrynowymi, które pięknie w tym roku obrodziły. Dostaliśmy w prezencie cztery duże cytryny. Troubadour – świetny klub i granie bardzo fajne. Przychodzi dużo ludzi i z naszej firmy płytowej Arista też! Byliśmy też na cudnej przejażdżce z Bronkiem skowronkiem Kaperem po Beverly Hills. Pokazywał nam domy słynnych aktorów. W sumie piękna okolica, ale zarazem smutna, wysterylizowana. Trawa tak równo przycięta, że aż strach ją skazić i zrujnować bosymi nogami. Ja marzę o domku z przestrzenią, blisko lasu, z polną drogą i leśnymi kwiatami. Może kiedyś, za kilka świetlnych lat?

Wyśpiewam Wam Wszystko

New York, New York

Frank Sinatra

10 stycznia 1974, Nowy Jork

Misiu od trzech dni gra w Village Vanguard z Elvinem Jonesem,
perkusistą z najwyższej światowej półki. A jak to się stało? W piątek
Misiu spakował skrzypce i poleciał do klubu. W ostatnim secie
dołączył do zespołu Elvina i zagrał. Był bardzo stremowany,
ale granie było świetne. Elvin poprosił Misia, żeby przyszedł
następnego dnia punktualnie i grał z nim do końca angażu. Misiu
był przeszczęśliwy. Od kilku dni ledwo chodzę, tak mi dokucza
reumatyzm, rzadko wychodzę z hotelu, ale wczoraj zwlekłam się
z łóżka i poszłam z Misiem do klubu. Było pełno ludzi, w tym dużo
znajomych, między innymi nasz producent z CBS Sol Rabinowitz
z całą swoją rodziną. Misiu grał rewelacyjnie i miał dużo braw.
Grał też mój genialny saksofonista Dave Liebman, pierwszy
muzyk Nowego Jorku. To, co on wygrywa, nie mieści się w głowie.
Fenomen!!! To jest właśnie Nowy Jork. Tutaj się może wszystko
zdarzyć i wszystko jest możliwe.

Teraz Misiu czuje się w CBS jak u siebie w domu. Wszyscy są dla
niego supermili, uśmiechają się, witają otwartymi ramionami. Były
żarty wśród tych, co trzęsą CBS, że Misiu skończy na prowadzeniu
całej firmy. W przyszłym tygodniu mamy spotkanie z Sidneyem
Bernsteinem (były menedżer Beatlesów, odpowiedzialny za ich
sukces). Bardzo się zapalił do menedżerowania nas. Chce omówić
plany i taktykę reklamy. To jest dobry dla nas okres w CBS,
wyjaśniał nam, bo zespół Mahavishnu się rozpadł, Bob Dylan
też odszedł od tej firmy i zrobiło się więcej miejsca dla nowych

artystów. Misiek jest szczęśliwy i coraz rzadziej mówi o Europie, nie mówiąc już o Polsce. Czesiu Niemen męczy się nad płytą. Nagrywa godzinami, zmienia aranże i Misiu mu bardzo dużo pomaga. Czesiu i my mamy fantastyczną wtyczkę w CBS. Jest nią przemiły, bardzo nam życzliwy Earl Price. Poucza nas, jak manewrować w tym zwariowanym CBS, i dotychczas prowadzi nas znakomicie. Ja natomiast bardzo tęsknię za Polską, za rodzicami.

Tak bardzo bym chciała pojechać do Warszawy, do naszego małego mieszkanka, zobaczyć się z przyjaciółmi. Misiek nie chce o tym słyszeć i denerwuje się, jak mówię cokolwiek na ten temat. Powtarza, że jest tu szczęśliwy i nie chce się stąd ruszać. Rozmawiałam dzisiaj przez telefon z naszym producentem z CBS Rabinowitzem. Był dla mnie bardzo miły. Opowiadał o Misiu w jakimś towarzystwie, jak to taki dziwny cowboy z Polski przyszedł pewnego dnia do jego biura i totalnie nim zakręcił. Mówił też, że w radiu w Syracuse grają naszą płytę i słuchacze dzwonią do rozgłośni z pytaniem, kto to i gdzie można dostać płytę? A w ogóle Misiu uchodzi w CBS za swojego rodzaju fenomen. Wygląda malowniczo. Ma włosy do pasa, nosi duży czarny kapelusz, a w ustach ma wielką, ręcznie rzeźbioną fajkę. Dzisiaj cały dzień nagrywa z Czesiem podkłady do Czesiowych kompozycji. Podobno niektóre są fantastyczne. Jan Hammer gra na bębnach, Ritchie Laird na basie. Dwa dni temu dzwonił do Misia John McLaughlin (Mahavishnu), jest nim zainteresowany, ale na sopranie i flecie. Może po Jerrym Goodmanie ma dosyć skrzypiec. Wczoraj dzwonił Bob Moses, oferując Misiowi granie pod Nowym Jorkiem przez pięć dni od dziesiątej wieczór do drugiej w nocy, za sto pięćdziesiąt dolarów, czyli po trzydzieści dolarów dziennie, więc osiem dolarów za godzinę. Odradzałam Misiowi, a on na mnie nakrzyczał, że zamiast go podtrzymać na duchu, to go pogrążam, że każdy grosz się liczy itd. Zastanawiam się, jak długo jeszcze będziemy mieszkać w tym nędznym hotelu. Tak marzę o czystym przytulnym mieszkanku.

This Magic Moment

Diana Ross

Nagrana w Niemczech płyta „Super Constellation", wydana w USA jako „Fusion", torowała nam drogę do nagrania następnej. „Atmę" nagrywaliśmy przez tydzień, pod koniec czerwca 1974 roku w nowojorskim studiu Columbii. Producent Sol Rabinowitz kręcił nosem, bo według niego muzyka była za bardzo polska, za dużo się w niej działo, a improwizacje za długie. My natomiast rozradowani, w kontraście do reakcji producenta, byliśmy pewni, że gramy muzykę naszą, unikalną i płynącą prosto z serca. A jak odbiorą naszą muzykę Amerykanie? Wątpliwościom w tej materii nie było końca. 29 czerwca 1974 roku zagraliśmy też w Carnegie Hall, na osławionym Newport Jazz Festiwal. Grało nam się ciężko ze względu na akustykę, wyraźnie skonfliktowaną z muzyką „fusion", faworyzującą elektronikę. Nagłośnienie ciągle sprzęgało, co odbierało nam wenę i dekoncentrowało. Niemniej jednak mieliśmy gromkie brawa i gratulacjom nie było końca. Niecałe dwa tygodnie później pisałam w pamiętniku:

7 lipca 1974, niedziela, Nowy Jork

Radio City Hall. Wielka impreza dedykowana Dianie Ross. Zaproszono wielu jazzmanów, w tym Michała. Salę w trzech czwartych wypełniła czarna publiczność spragniona widoku wielkiej gwiazdy. Koncert zaczęli starzy bebopowcy i nawet wesolutki Eddie „Lockjaw" Davis nie był w stanie rozruszać publiczności. Następnie zagrało naraz czterech wybitnych perkusistów: Max Roach, Art Blakey, Buddy Rich i Elvin Jones. Każdy po swojemu. Raj dla perkusistów, ale publiczność czekała na Dianę. Na zapowiedź: „Ladies and gentleman, Diana Ross!", wszyscy zerwali się z miejsc

*i darli wniebogłosy. Zdołano uciszyć fanów, wręczono Dianie dwa
dyplomy, po chwili zaczęła śpiewać. Słuchano jej z zapartym tchem.
Umiała stworzyć piękną intymną atmosferę. Śpiewała standardy
z filmu „Lady Sings The Blues", w którym gra rolę Billie Holiday. Na
koniec zaśpiewała „Ain't No Mountain High Enough". Kilkadziesiąt
osób z pierwszych rzędów rzuciło się na scenę. Artystka ledwo
umknęła. Po krótkiej przerwie na estradę weszli: Charles Mingus,
Roland Hanna, Joe Farrell, Howard McGhee, Eddie Daniels, Freddie
Waits, Dewey Redman, no i Miś. Ogólne poruszenie, osiemdziesiąt
procent ludzi wyszło i ze sceny powiało nudnym starym bebopem.
Po graniu zrozpaczony Miś szukał swoich skrzypiec z futerałem,
które na chwilkę zostawił za sceną. Niestety, ktoś je podprowadził.
Poszliśmy na policję i wróciliśmy do domu o piątej rano.*

Skrzypce nigdy się nie odnalazły.

Wyśiemam Wam Wszystko

It's the Talk of the Town
Brenda Lee

Pierwsze miesiące w Nowym Jorku były okresem zapoznawczym. Oprócz stałych wizyt Michała w amerykańskiej firmie płytowej CBS przy 52. ulicy poznawaliśmy muzyków sceny jazzowej. Jednym z pierwszych był Chick Corea, który instruował nas, na co uważać, jak negocjować z firmami płytowymi, jak się poruszać w tym wyjątkowym mieście. Pamiętam też wizytę z Michałem u Ornette'a Colemana, prekursora, wizjonera, bardzo cenionego jazzowego saksofonisty. Siedzimy i rozmawiamy. W pewnej chwili Ornette mówi: „Słuchajcie, byłem wczoraj u Johna Hammonda w CBS (dyrektor artystyczny, odkrywca Arethy Franklin i Bob Dylana) i słyszałem płytę wokalistki z Europy. Beautiful music". Michał pośpiesznie dodał, że to właśnie chodzi o mnie. Byłam cała w skowronkach. Doradzał, żeby zażądać za taśmę matkę płyty, z którą przyjechaliśmy z Europy, co najmniej dziesięciu tysięcy dolarów, i uprzedzał, że Columbia to nieludzka firma. Ale nie w stosunku do nas, pomyślałam. Stamtąd poszliśmy do naszego przyjaciela, perkusisty Barry'ego Altschula. Zaraz po wejściu dostaliśmy pietra, bo Barry wyjął spod łóżka karabin maszynowy i chwalił go na wszystkie strony. Twierdził, że ma ostatnio dziwne telefony i że w ogóle w Nowym Jorku trzeba mieć w domu broń, bo to kryminalne miasto. Po włamaniu do naszego hotelowego pokoju byliśmy skłonni przyznać mu rację i chcieliśmy kupić spluwę. Następnego dnia zapomnieliśmy o tym zamiarze.

When I'm Sixty-Four

The Beatles

Było takie miejsce w dole Manhattanu, do którego uwielbialiśmy chodzić z Jurkiem Kosińskim. Była to łagodna wersja seksklubu, czyli żaden hardcore. Nazywał się SUDS, a jego właścicielem był policjant. Wpuszczano tylko pary, wstęp trzydzieści dolarów, w tym szwedzki stół. Towarzystwo rozbierało się do bielizny, często bardzo skąpej, nawiązywało kontakty, a stamtąd wychodziło „na chatę" w wiadomym celu. Tam, na miejscu, nie było seksu. Na środku był parkiet do tańca i do bardzo ekscytującego pokazu o północy. Otóż o tej porze odbywał się striptiz kobiet dojrzałych. Jest to subtelne określenie, bo zdarzało się, że rozbierały się pomarszczone staruszki. Przy głośnej muzyce disco i przy ostro i hałaśliwie zagrzewającym do akcji tłumie wkraczały seksownym krokiem starsze panie i powoli się rozbierały. Tłum szalał, kobiety były przeszczęśliwe. Prawdopodobnie całe życie o tym marzyły. Dzieci już dawno na swoim, mąż prawdopodobnie w piachu, a one w swoim żywiole. Był to wspaniały, niezapomniany spektakl. Nie liczyła się sylwetka obwarowana normami zwichniętej współczesnej cywilizacji, terror trendów i młodego wyglądu. Liczyło się tylko i wyłącznie spełnienie marzeń. Zapytałam Jerzego o wiek najstarszej jego partnerki w seksklubie. Odpowiedział, że miała osiemdziesiąt trzy lata. „Czy miała orgazm?", zapytałam z zaciekawieniem. „Ona nie, ale ja tak", odpowiedział.

There Will Never Be Another You

Chet Baker

1990 rok, Nowy Jork.
Tuż przed moim koncertem.

JUREK KOSIŃSKI (do mnie):

· *Nie chcę, żebyś była ciepłą kluską w zupie nic.*

· *Musisz mnie cały czas inspirować, podniecać, bo inaczej napiszę*
książkę telefoniczną nieistniejącego miasta.

· *Czuję się jak wypalone ognisko, jak pociąg, co wypadł z szyn.*

· *Jesteś biblią potencjalnych zboczeń.*

· *Masz uśmiech rozanielonego robaka, a jak jesteś wstawiona, to wyglądasz jak śpiąca żmija.*

· *Jesteś dla mnie twórczą plasteliną.*

· *Pokój twoich dzieci wygląda jak muzeum międzyplanetarne.*

· *Jesteś jak norweski chłop wpatrzony we fiord podobnie, jak ja w siebie.*

· *Ty polska kozo z Podgórza! (wyzwał mnie tak, kiedy wysłałam ważną przesyłkę listem zwykłym).*

· *Zamiast się rozwydrzyć, to się rozwidlimy.*

· *Kiki ma mnie w domu, ale mnie nie ma, ty mnie nie masz w domu, ale mnie masz.*

JA: *Jak działa na nas rozstanie?*
JUREK: *Nie działa.*

JA: *Jak jesteśmy razemi jak ludzie na mnie patrzą, to widzą moje uczucie do ciebie.*
JUREK: *I moje do ciebie, z tym, że ludzie NA MNIE patrzą.*

JUREK: *Nie udawaj kurtyzany, schowaj się lepiej za kurtynę. Chcesz mi tu zaimponować rozwiązłością z kołchozu?*
JA: *Wynajmę ci pokój w moim mieszkaniu z osobnym wejściem i na drzwiach przybiję tabliczkę: Jerzy Kosiński.*
JUREK: *Nie, napisz Joseph Conrad.*

JUREK

· *Komputer cię dla mnie wymyślił.*

· *Jesteś dla mnie metafizyczną klapą bezpieczeństwa.*

· *Mam z tobą ulgę życiową, ale dlaczego jest mi tak ciężko na sercu?*

· *Nie chcę cytować Reymonta, ale jesteś dla mnie ziemią obiecaną.*

· *Jesteś moją studnią życia.*

· *Moja matka by o tobie powiedziała: Ula to sznytowa babka.*

· *Mam nadzieję osiągnąć przy tobie pełnię życia. Jeśli to będzie*
półpełnia lub ćwierćpełnia, Twardowski zejdzie z księżyca.

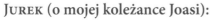

JUREK (o mojej koleżance Joasi):
Ona to nierozbity kogel-mogel, zastraszona kura, która boi się być
słowikiem, a mogłaby być seksualną jaskółką.

JUREK

· *Nie rób sobie zdjęć w Polsce. Zdjęcia się szybko starzeją.*

· *Ty jesteś moje prywatne słońce, święty ogień w grzesznym ciele.*

· *Gdybyś wiedziała, jak bardzo cię kocham, umarłabyś*
z odpowiedzialności.

· *Przyjechałem do Polski na twoim ramieniu. Bez ciebie marznę*
wewnątrz. Ty mnie wewnętrznie rozgrzewasz. Nie ma nic
gorszego, jak żyć z zimną osobą.

· *Masz skórę jak aksamit, a serce ze złota.*

JA: *Przyrzeknij, że będziesz ze mną na zawsze.*
JUREK: *Nie mogę!*
JA: *Dlaczego?*
JUREK: *Nie mam przy sobie kalendarza*
i nie wiem, jaki mam plan na jutro.

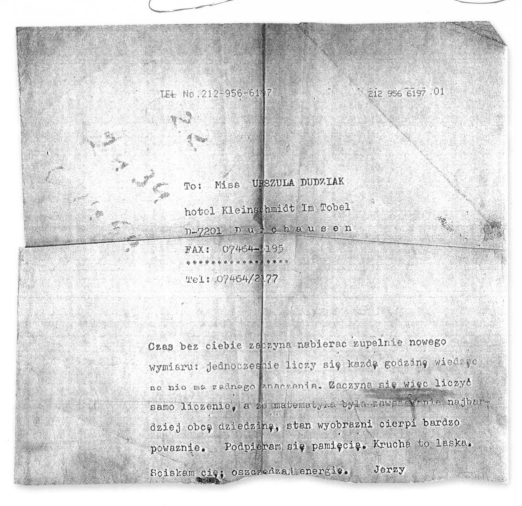

TEL No.212-956-6197   212 956 6197 .01

To: Miss URSZULA DUDZIAK

hotel Kleinschmidt Im Tobel

D-7201 D u r c h a u s e n

FAX: 07464-3195
* * * * * * * * * * * * * *
Tel: 07464/2177

Czas bez ciebie zaczyna nabierac zupelnie nowego
wymiaru: jednoczesnie liczy sie kazda godzine wiedzac
ze nie ma zadnego znaczenia. Zaczyna sie wiec liczyc
samo liczenie, a ze matematyka byla zawsze moje najbardziej obca dziedzina, stan wyobrazni cierpi bardzo
powaznie.   Podpieram sie pamiecia. Krucha to laska.
Sciskam cie; oszczedzaj energie.   Jerzy

●   1990 rok, faks od Jerzego.

JUREK (przed moim wyjazdem na koncerty)
Nad tobą wisi aureola, a nade mną chmura.

JUREK: *Mam zmiany neurologiczne po ostatnim miniwylewie.*
JA: *E, tam!*

WyśiEmam WAM Nszystko

JUREK: *Takie małe, na przykład wiem, że kiedyś cię spotkałem, że się znamy z widzenia.*

JUREK

· *Jazz to kombinacja chaosu z kakofonią.*

· *Co ja wniosę do naszego związku? Ja chcę wjechać na rumaku jako lider, a nie jako akompaniator.*

JA (30 marca 1989 roku):
Komunia partnerstwa do końca życia. Jurek ustala reguły.
Daję ci mój dom, ale czasami schowam się do piwnicy albo ucieknę na strych.

JUREK (po powrocie z wakacji w południowej Francji):
Czemu nie masz takiej twarzy, jakie mają kobiety w Saint-Tropez?
Wszystko by było o wiele prostsze.

JUREK

· *Za późno żeśmy się spotkali, Dudziak.*

· *Od czterech lat seks mnie nie interesował. Wstrząsnęłaś mną.*

· *Muszę czuć, że jestem dla ciebie ważniejszy od twoich dzieci!*

· *Jesteś dla mnie za zdolna. Krok od geniuszu. Ja jestem świetnym drugorzędnym pisarzem.*

JUREK (zamówił kawę z bitą śmietaną)
JA: *Jesteś przecież uczulony na bitą śmietanę.*
JUREK: *Na śmietanę tak, na bicie nie.*

Jesteście małżeństwem? – ktoś nas zapytał.
JUREK: *Więcej niż małżeństwem.*
Małżeństwo można rozwiązać,
przywiązanie – nie.

JA: *Jesteś kombinacją pawia ze strusiem.*
JUREK: *Nikt mnie jeszcze tak trafnie nie określił.*

JUREK: *Ilekroć cię widzę, wydaje mi się,*
że widzę cię po raz pierwszy.
JA: *Ty masz dobrze!*

JUREK

· *Ten twój jazz, umiesz go na pamięć! To ja jestem twoim Mystery*
Man. Jestem najważniejszy w twoim życiu! Rozumiesz?!
· *Hoduję ciebie na moje drzewo życia, choć mógłbym mieć kilka*
roślin jednocześnie. W lecie myślałem, że przegrałem.
· *Ja cię przygotowuję, choć boję się ukazać, całkowicie otworzyć,*
bo jeśli zagrasz w mojej tonacji, to boję się, że nie będę mógł
bez ciebie żyć.
· *Ula, uważaj, bo ja jestem taki duży kielich na bardzo cienkiej*
i kruchej nóżce.

JA: *Ożenisz się ze mną?*
JUREK: *Nie.*
JA: *A dlaczego?*
JUREK: *Ja się ożenię ze śmiercią.*

JA: *Ja mam energię uzdrawiającą.*
JUREK: *Dla mnie na pewno.*
JA: *Nie tylko dla ciebie.*
JUREK: *To otwórz sobie sklep!*

JUREK mówił, że najpiękniejszą kobietą, jaką widział w życiu, jest żona Lionela Richie i że jestem jej jasnym odbiciem.

JUREK

Twój zawód to reanimatorka.

1989 rok, Warszawa.
Dedykacja na „Malowanym ptaku".

Początek maja, podobnie jak cały kwiecień 1991 roku, był w Nowym Jorku przepiękny. Już w kwietniu Central Park był zielony, kwitnący, pachnący. Ludzi pełno. Jedni spacerowali, inni biegali, niektórzy wsiadali na rower, były też konne bryczki wypełnione wczesnymi turystami. Przez większą część kwietnia mieliśmy z Jurkiem rutynę chodzenia na spacer do Central Parku tuż po śniadaniu. Siadaliśmy na ławce i gawędziliśmy. Jurek mówił bardzo dużo o sobie. Miałam szkolny zwyczaj pisania pamiętników i mam dużo notatek z naszych randek, ale w ostatnich tygodniach przed 3 maja nic nie notowałam. Wiem jedno, że moim zadaniem było słuchać i zapomnieć. To, co słyszałam, powinno robić na mnie wrażenie. Nie robiło: czułam się spowiednikiem. Czy mogłam tego dnia przewidzieć, co stanie się za kilka godzin?

Jurek mówił o samobójstwie tylko w jednym wypadku. Jego ojciec pod koniec życia był sparaliżowany po wylewie. Jurek niejednokrotnie powtarzał, że gdyby to samo go spotkało, nie wahałby się ani chwili. Nosił przy sobie małą buteleczkę z odpowiednią miksturą, na wszelki wypadek. Chodziliśmy często na basen do pobliskiego spa i pamiętam, jak kiedyś przyszedł popływać, chwiejąc się na nogach. Zdziwiło mnie to i zaniepokoiło. Poprzedniego wieczoru byliśmy razem, a rano nigdy nie pił alkoholu. Na moje pytanie, co się dzieje, nic nie odpowiedział. Później zrozumiałam, że prawdopodobnie sprawdzał stężenie mikstury.

Kilka miesięcy wcześniej podczas podróży z lotniska w Genewie do Crans-Montana, gdzie Kosińscy jeździli na narty, Jurek wysiadł z szoferki i upadł. Odzyskał przytomność, ale był przerażony. Coś niedobrego się stało. Okazało się, że dostał niewielkiego wylewu. Wrócił zaraz do Nowego Jorku bez żony Kiki i zamiast pójść do szpitala, w którym na niego czekano, zrobił w domu porządek. Zniszczył tysiące fotografii (część z nich widziałam), wyrzucił setki pism pornograficznych, pozbył się korespondencji, która mogłaby komukolwiek zaszkodzić. Miał kłopoty z koordynacją – nagle nie mógł prawidłowo założyć okularów. Raz nawet upuścił na podłogę swoją ukochaną maszynę do pisania Olympia, myśląc, że stawia ją na biurku. Zapominał kody do walizek, nie rozpoznawał znajomych. Bardzo się tym martwił i denerwował.

Kilka miesięcy wcześniej wyremontował moje mieszkanie, które miało być dla nas. Powoli znosił swoje rzeczy. Potem jednak uznał, że powinniśmy mieszkać w większym, i wtedy zaplanował kupno czteropiętrowego brownstone'a na Manhattanie. Ja natomiast wymyśliłam kontrowersyjne, ale piękne wyjście, żebyśmy wszyscy zamieszkali razem. Jego żona Kiki prowadziłaby biuro, podróżowała z nim biznesowo, towarzyszyła na oficjalnych przyjęciach, a ja byłabym Jurka muzą, on moim uskrzydleniem. Jedno piętro byłoby dla Kiki, drugie dla nas, trzecie dla dzieci, a czwarte na moje studio nagraniowe. Jurek zaproponował takie rozwiązanie swojej żonie. Nie chciała o tym słyszeć. A szkoda. Taka kombinacja oparta na miłości i wzajemnym szacunku mogłaby być pięknym przykładem dla innych znajdujących się w sytuacji bez wyjścia. Wracam do naszych codziennych wycieczek. Po długich spacerach i często jego długich opowieściach wracaliśmy na lunch i umawialiśmy się na późny wieczór, jeśli Jerzy miał jakąś oficjalną kolację, lub na wczesny, jeśli był wolny.

Tego wieczoru, czyli 2 maja, był wolny i najpierw poszliśmy na kolację, a potem do kina na film Petera Greenawaya „Wyliczanka" („Drowning By Numbers"). Jurek zakładał w kinie okulary w ciężkiej ciemnej oprawce. Wyglądał w nich jak Arthur Miller, a ja się czułam jak Marilyn Monroe. Po

kinie weszliśmy do baru w hotelu Meridien na 57. ulicy,
bardzo blisko naszych domów. Postanowił nie pić alkoholu
tego wieczoru, ja także. Uznał, że ostatnio nadużywa trunków
i warto sprawić organizmowi miłą niespodziankę. Siedzieliśmy
przy herbacie. Jurek niepokoił się jakimiś nieprawidłowościami
w Amerbanku (pierwszy amerykański bank w Polsce, którego
był założycielem wraz z Janem Byrczkiem). Często wzdychał,
mówiąc o planowanym wyjeździe do Polski za kilka dni. 17
maja miało być oficjalne otwarcie Amerbanku w Warszawie.
Podczas tego pobytu miały się też odbyć uroczystości pogrzebowe
prochów Jana Lechonia i tego wieczoru przypomniał, że Lechoń
popełnił samobójstwo w Nowym Jorku w 1956 roku, w wieku
pięćdziesięciu siedmiu lat.

Jurek narzekał na serce i miał zdiagnozowaną tachykardię, czyli
niekontrolowane, bardzo szybkie bicie serca wywołujące paniczny
strach. Brał leki na złagodzenie tej przykrej dolegliwości.
Ostatnio obmyślał plan naszej przeprowadzki z Kasią i Miką
na Florydę. Twierdził, że to będzie idealne miejsce dla nas.
Wspaniała pogoda, korty tenisowe na każdym kroku (coś dla
mnie), świetne szkoły (dla dzieci) i spokój potrzebny do pisania.
Mówił: znajdziemy opiekę dla dzieci, ty będziesz koncertowała,
wyjeżdżając w trasy, a ja będę miał na oku dzieci, będę pisał
i czekał na ciebie. Na takie jego propozycje reagowałam
umiarkowanym entuzjazmem. Było zbyt wiele naszych wspólnych
planów, które zostawały tylko planami. Po dłuższym milczeniu
Jerzy wypowiedział zdanie: „Wszystko tak daleko zaszło, że widzę
tylko jedno wyjście". Zdanie to źle zrozumiałam, a szkoda, bo
może by to coś zmieniło. Myślałam, że mówi o naszym wyjeździe
na Florydę jako jedynym rozwiązaniu.

Wiem, że miał trudną sytuację w domu i bardzo to przeżywał.
Jurek ożenił się z Kiki 14 lutego 1987 roku, czyli trzy miesiące

Wyśpiewam Wam Wszystko

przed naszym spotkaniem. Kiki była bardzo zaskoczona. Byli
ze sobą blisko dwadzieścia lat, a Jurek powiedział, że jedyne,
co może jej dać, to nazwisko. Nazywał swoje małżeństwo
biurokratycznym i zapewniał, że od samego początku mieli
osobne sypialnie. Już wtedy planował samobójstwo. Pamiętam
początek naszych spotkań. Siedzieliśmy w restauracji Jean Lafitte
na mojej 58. ulicy i Jurek mówił, że jest zblazowany, znużony,
zmęczony, że już nic sensownego nie napisze i ma dosyć życia.
Na propozycję małżeństwa Kiki zareagowała słowami, które
Jurka bardzo ujęły. Powiedziała, że wyjdzie za niego, ale jeśli
kiedykolwiek spotka kobietę, w której się zakocha, i będzie
chciał rozwodu, to mu go da od ręki. Rzeczywistość okazała się
zupełnie inna. Kiki za żadne skarby nie chciała zostać rozwódką
i dlatego czułam, że nasz wyjazd na Florydę to przedsięwzięcie
niemożliwe do wykonania, i nie podjęłam tematu. Rozstaliśmy się
po północy.

  Kilka minut później, kiedy byłam już w domu (mieszkaliśmy od
siebie 186 kroków, kiedyś policzyłam) zadzwonił telefon: „Uleńko,
pięknie dziś wyglądałaś i przepraszam cię, że byłem taki nieswój".
„Nie ma sprawy, Jureczku" – odpowiedziałam. Na moje pytanie:
„Jakie masz plany na jutro?", odpowiedział: „Poczekaj, niech
rzucę okiem na notatki". Po drugiej stronie słuchawki słyszałam
szelest przerzucanych kartek kalendarza. „Jutro mam oficjalny
lunch, ale pójdźmy przedtem na spacer do parku. Zadzwonię do
ciebie, jak tylko się obudzę" – obiecał. „Dobrze, Jureczku, to do
jutra". „Trzymaj się" – odpowiedział. Tej nocy nie mogłam zasnąć.
Przewracałam się z boku na bok. Około trzeciej nad ranem
obudziłam się w panice. Nie czułam lewej ręki i serce mi waliło
jak oszalałe. Nie wiedziałam, co się ze mną dzieje. Chciałam
zadzwonić do Jurka na nasz prywatny numer, ale bałam się, że go
wystraszę. Zadzwoniłam do Urbaniaka. Telefon nie odpowiadał.
Obudziłam Kasię i Mikę i powiedziałam, że gdyby coś mi się

stało, niech zawołają sąsiadów. Dziewczynki, zaspane, nie
wiedziały, co się stało. Zaczęłam się ubierać, niedaleko był szpital.

Chodziłam po mieszkaniu, masowałam zdrętwiałą rękę
i modliłam się. Powoli coś puszczało. Uspokoiłam dziewczynki
(za trzy godziny wstawały do szkoły) i wróciłam do łóżka.
O siódmej obudził mnie budzik. Wyprawiłam dzieci do szkoły
i wróciłam do łóżka, pospać jeszcze ze dwie godziny, zanim
Jurek zadzwoni. Około dziewiątej obudził mnie telefon. Był
to zdenerwowany głos: „Ula, this is Kiki, call me right back"
(Ula, to Kiki, zadzwoń do mnie natychmiast). Wstałam szybko
z łóżka i zadzwoniłam. Kiki podniosła słuchawkę i zapytała:
„Czy pokłóciłaś się wczoraj z Jerzym?". „Ale skądże" –
odpowiedziałam. „Bo Jerzy nie żyje, zadzwonię do ciebie za
chwilę" – dodała. Stałam ze słuchawką w ręku, nie rozumiałam,
co się stało.

Od tego momentu poruszałam się mechanicznie. Mój system
ochronny pracował na najwyższych obrotach. Po chwili telefon
od Kiki: „Ula, jak chcesz się z nim pożegnać, przyjdź teraz".
Ubrałam się i poszłam. W pokoju stała roztrzęsiona Kiki,
a obok ich rodzinny lekarz doktor Kohn. „Jest w łazience" –
powiedziała. Weszłam i usiadłam na krawędzi wanny. Był od
połowy przykryty ręcznikiem, z ręką opartą na kolanie. Twarz
gęsto usiana bruzdami zestarzała się od wczoraj o dwadzieścia lat.
Na czole miał ślady po oparzeniach. Ten widok mam w głowie na
pewno na zawsze, jest wyraźny i wcale nie płowieje. Wyszłam bez
słowa, a w drzwiach minęłam się z pielęgniarzami, którzy weszli
z noszami. Michał zabrał dzieci do siebie, a ja się zamknęłam
w domu.

Nie odpowiadałam na telefony. Dzwonili znajomi, dziennikarze
z różnych gazet, a ja musiałam być sama. Przez długie miesiące

miałam wrażenie, że Jurek mignął mi w taksówce, że właśnie
wszedł do jakiejś bramy, że to nieprawda, że już go nie ma.
Kilka dni po Jurka śmierci Kiki zadzwoniła do mnie, prosząc
o spotkanie. Zapamiętałam tylko jedną jej prośbę, abym nie
godziła się na żadne wywiady do gazet. Nie musiała mnie o to
prosić. „Pomogę ci wychować dziewczynki" – dodała. Nigdy już
do mnie nie zadzwoniła. Zmarła cztery lata temu.

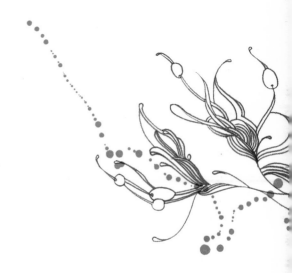

Dream a Little Dream of Me

Dean Martin

M am sny dobre i złe, biało-czarne i kolorowe, te, które się długo pamięta, i te, które wyparowują w mgnieniu oka. Przez lata śniłam, że jestem czarownicą i prowadzą mnie na spalenie na stosie. Miejsce – Gubin i słynna Góra Śmierci, u której podnóża mieszkałam jako dziecko. Wokół mnie mroczny tłum, wydający niski złowieszczy dźwięk, w dali płonie ogień i moje godziny są policzone. Budziłam się mokra ze strachu i tak setki razy. Inny sen to „wielka niespodzianka" – zamieniałam się w ptaka i frunęłam zawsze pod górę, z wielkim strachem, bo nigdy nie wiedziałam, co ujrzę na szczycie. Już dolatuję i nagle ukazuje mi się najpiękniejszy widok świata: jeziora, pola, lasy, sady obsypane kwieciem, wysoko świeci słońce. Mam uczucie błogostanu. Innym razem ukazuje mi się widok niekończącego się, czarnego, budzącego grozę spalonego miasta. Lecę nad nim, a końca nie ma. Następny sen to już pomysł dla malarza surrealisty. Siedzę na ostatnim, powiedzmy dwusetnym piętrze, mam widok dookoła. Budynek się chwieje i stoi w środku oceanu, a brzegu nie ma i nie będzie. Jestem sama.

Przebudzenie to odpuszczenie grzechów za wszystkie moje i nie moje winy.

Sen dźwiękowy też bywał męczący, na szczęście nie wraca od wielu lat. Najpierw słyszałam we śnie cichutki, ledwo słyszalny ton. Z chwili na chwilę narastał. Stawał się coraz głośniejszy, jeszcze głośniejszy, za chwilę mi rozwali głowę! Muszę się natychmiast obudzić, bo oszaleję! Potrzebowałam wtedy wręcz nadludzkiego wysiłku, żeby się obudzić. Ponieważ była to faza najgłębszego snu, było to zadanie bardzo trudne. Udawało się. Musiałam wstać, napić się wody, pochodzić po pokoju, żeby się na dobre obudzić, bo jeśli tego całkowitego wybudzenia nie przypilnowałam, cały wysiłek na nic i sen wracał. Bardzo lubię śnić, że wiem, że mi się śni. Wtedy robię głupie rzeczy. Jestem bardzo niewychowana i wyzywam ludzi od najgorszych, czekając na ich reakcję. Notorycznie kradnę, najczęściej biżuterię lub pieniądze, i wcale się nie boję, że mnie złapią. Śpiewam na scenie, specjalnie szpetnie fałszuję i cieszę się, że ludzie wychodzą. Miałam parę takich sytuacji w życiu, w których dałabym wszystko, żeby rzeczywistość okazała się snem.

New York Baca

Michał Urbaniak

Czasami się zastanawiam, czy przypadkiem nie mam początków alzheimera, i zaraz potem pocieszam się faktem, że zawsze byłam roztargniona. Moja mama na starość miała początki tej choroby. Rodzice starzeli się na emigracji, w dobrej, gościnnej Szwecji. Przyjeżdżaliśmy z Nowego Jorku – Michał, Kasia, Mika – na letnie wakacje, Wielkanoc i święta Bożego Narodzenia spotkać z rodzicami, z moją siostrą Danusią i bratem Leszkiem. Lata osiemdziesiąte, mała szwedzka wioska Rydal, dom mojego brata Leszka. Kasia i Mika gonią się w salonie, mama siedzi na kanapie i czyta ten sam „Przekrój" po raz dziesiąty. Nagle przywołuje mnie kiwnięciem palca: „Uluś – mówi niepewnym, ściszonym głosem – a te dzieci to skąd?". „Mamusiu, przecież to Kasia i Mika", odpowiadam. „Ach tak, to Kasia i Mika" – odpowiada z ulgą. Za chwilę znowu mnie woła: „Uluś, a czyje to są dzieci?". „Mamusiu, to przecież dzieci moje i Michała". „Oczywiście, twoje i Michała" – odpowiada zadowolona. Po chwili znowu mnie woła i pyta, tym razem prawie szeptem: „Uluś, a kto to jest ten Michał?". Zaniepokojona i zmartwiona odpowiadam cierpliwie: „Mamusiu, to Michał Urbaniak". W tym momencie mama zrywa się na równe nogi i głośno krzyczy: „Ten Urbaniak, ten słynny na cały świat muzyk jazzowy?!".

Mind Games

John Lennon

Zakomunikowała mi menedżerka – „Jutro w południe masz wywiad w Radiu Zet". „Jest na żywo, zawiezie cię Radek" – dorzuciła. Radka znałam, bo jest mężem mojej menedżerki Asi i razem nawet spędziliśmy wakacje na Mazurach. Następnego dnia przyjechał Radek i powiedział, że musimy najpierw zahaczyć o drukarnię i odebrać ulotki. Nagle znajdujemy się po drugiej stronie Wisły. Patrzę na zegarek, zostało piętnaście minut do wejścia na antenę. Robię Radkowi wymówki, po chwili na niego krzyczę, bo widzę, że raczej nie zdążymy. Rozglądam się i widzę, że jesteśmy na jakimś zadupiu. Radek zestresowany wypatrzył przezroczystą budkę telefoniczną (byliśmy poza zasięgiem), żeby zadzwonić do radia i zrobić wywiad przez telefon. Zaparkowaliśmy blisko budki i weszliśmy do niej razem. Nici z połączenia i do tego nie możemy wyjść. Drzwi się zablokowały. Próbujemy się wydostać – bez skutku. Nagle podjeżdża samochód kurierski z napisem DHL i wysiada z niego kierowca. Wołam do niego: „Proszę pana, niech pan nam pomoże wyjść z tej cholernej budki". Kierowca wyjmuje z bagażnika narzędzia i po paru minutach jesteśmy wolni. Czuję ulgę i złość. Jedziemy do domu.

W drodze Radek mnie przeprasza, ale ja robię wymówki. Żegnam się z nim oziębłe. Po kilku dniach Radek dzwoni do mnie z zaproszeniem do restauracji Jezioro Łabędzie. Kaja się i gorąco namawia, żebym przyszła, że to jego przeprosiny za tę radiową wpadkę. No trudno, pomyślałam, pójdę. Weszliśmy do restauracji. Na scenie grał fajny jazzowy zespół. Zamówiłam podwójne martini i po chwili poczułam lekki rauszyk. Nagle Radek wszedł na estradę i chwycił saksofon stojący na stojaku.

Nabił tempo i zaczął grać. Zdębiałam. Grał świetnie. Na koniec sala nagrodziła Radka z zespołem gromkimi brawami. Wrócił do stolika, a ja zrobiłam mu wyrzuty, że zataił przede mną tak piękną umiejętność. Po chwili podszedł kelner i mówi: „Wśród gości jest solenizantka i prosi pana bardzo, żeby pan zagrał dla niej, ona panu za to zapłaci". Ja na to, że jestem Radka menedżerką i jak zapłaci Radkowi pięćset złotych, to pozwolę mu zagrać. Kelner odszedł na chwilę i wrócił ze zgodą od klientki. Radek wszedł na scenę i tym razem wziął gitarę. Grał jak Jimi Hendrix. Po chwili siadł za keyboardem i wywijał wirtuozowskie solówki. Siedziałam z opadniętą szczęką i co chwila łapałam się za głowę. Radek w glorii burzy oklasków, szczęśliwy, schodził ze sceny. Nagle jak spod ziemi wyrosły kamery, kwiaty i okrzyki: „Mamy cię!". Był to zabawny program telewizyjny.

A jak mnie nabrano? Oczywiście Radek udawał, że gra. W restauracji, na dole, ustawiono ekran telewizyjny, a na górze kamera przesyłała obraz markującego Radka na scenie. Na dole przed ekranem stali saksofonista, gitarzysta i keyboardzista i grali za Radka, a ćwiczyli podobno długo, żeby uzyskać wiarygodny synchron. Ale to nie wszystko. Miałam być wkręcona wcześniej, nie udało się. Siedzieliśmy w tamtej szklanej budce telefonicznej i zobaczyliśmy, jak facet podchodzi do samochodu Radka, wsiada do niego (kluczyki zostawione w stacyjce) i odjeżdża. Radek krzyczy, ja wrzeszczę, nic nie pomaga. Po chwili podjeżdża laweta i zabiera budkę z nami. Jedziemy tak przez całe miasto. Docieramy do dużego magazynu. Dozorca (ochroniarz) przykleja na naszą budkę numer 44 i mówi, że wyjdziemy z budki w tej kolejności. Drzwi magazynu się otwierają, a tam jest kilkadziesiąt budek z ludźmi w środku. Na moje pytanie, kiedy wyjdziemy z budki, pada odpowiedź dozorcy: „Aż przyjdzie państwa kolej, za jakieś dwa dni". Wtedy, u progu mojej histerii, wyskakują kamery, kwiaty i okrzyki: „Mamy cię!". Tak miało być, ale wszystkie plany pokrzyżował kurier DHL, który niespodziewanie podjechał pod bramę, żeby dostarczyć paczkę do pobliskiego budynku. Zauważył nas utkwionych w budce, przejął się naszym problemem, otworzył nam drzwi i wypuścił na wolność.

Newborn Light

Urszula Dudziak

fot. Jerzy Strzeszewski

1970 rok, Warszawa, Jazz Jamboree.
Byłam tu na niezłym rauszu. Ze strachu.

Już od dziecka wiedziałam, że muzyka będzie mi towarzyszyć
na każdym kroku. Jako dziecko grałam na akordeonie kolędy,
melodie ludowe (w tym polki i oberki), pieśni partyzanckie. Już
w szkole doszło pianino i granie piosenek harcerskich, pieśni
patriotycznych. Jako nastolatka grałam i śpiewałam przeboje
zasłyszane w radiu lub w kinie, czyli przeboje muzyki filmowej.
Jako czternastolatka usłyszałam przez radio jazz i zwariowałam.
Postanowiłam zostać drugą Ellą Fitzgerald, która jest moją boginią
wokalistyki jazzowej. Kopiowałam jej cudowne tasiemcowe
improwizacje, uczyłam się fonetycznie tekstów jej piosenek.
Zaliczyłam błogosławiony osobowością Krzysia Komedy debiut
z prawdziwym zespołem jazzowym.

Wyśpiewam Wam Wszystko

Potem uczyłam się angielskiego, bo było mi wstyd, że
nie wiem, o czym śpiewam. Miałam w swoim repertuarze
kilkaset standardów amerykańskich i wszystkie znałam na
pamięć. W latach sześćdziesiątych w Warszawie nagrywałam
dziesiątki piosenek dla Polskiego Radia. Najbardziej lubiłam
piosenki Edwarda Czernego, Jana Ptaszyna Wróblewskiego.
Potem były długie piękne lata, choć czasami pochmurne,
z Michałem Urbaniakiem, moim mężem. Już podczas naszych
skandynawskich czasów grania „do kotleta" miałam niejeden
kryzys związany z moim śpiewaniem i z muzyką, jaką śpiewałam.
Był nawet taki moment, że uciekłam Michałowi ze Szwecji,
wróciłam do Warszawy i postanowiłam pójść do Wyższej Szkoły
Języków Obcych. Musiałam sprawdzić moje przywiązanie do
śpiewania. Nie wytrzymałam, po egzaminach wstępnych –
a przygotowywałam się do nich intensywnie przez pół roku –
wróciłam do Szwecji, do Michała i dalej śpiewałam to samo, tak
samo, to samo, tak samo.

Po powrocie za Szwecji w 1968 roku zaśpiewałam na Jazz
Jamboree i wypadłam blado. Jan Byrczek – znany basista, działacz
na polu jazzowym nie tylko w Polsce, ale też w Austrii, a potem
w Nowym Jorku – po moim „jamborowym" występie podszedł
do mnie i zadał mi bardzo kłopotliwe pytanie: „Ula, kiedy ty
nareszcie zaczniesz śpiewać?". Wymamrotałam zawstydzona
i nieszczęśliwa: NIE WIEM. Na początku lat siedemdziesiątych
Michał organizował zespół. Czesiu Bartkowski na perkusji,
Paweł Jarzębski na kontrabasie i Adam Makowicz na pianie.
Spotykaliśmy się w Hybrydach na Mokotowskiej w Warszawie
prawie codziennie i graliśmy, graliśmy godzinami. Próbowaliśmy,
ćwiczyliśmy, szukaliśmy nowej muzyki. Wieczorami
koncertowaliśmy w piwnicy Pod Hybrydami, gdzie debiutowałam
z Krzysiem Komedą dziesięć lat wcześniej. Śpiewałam standardy
jazzowe z własną improwizacją, ale nie tylko. Śpiewałam

kompozycje Michała, miałam dużo miejsca dla siebie, ale ciągle się bałam. Zadawałam sobie w duchu pytanie: czy to, co śpiewam, jest do przyjęcia. Michał pokrzykiwał na mnie na scenie: „Śpiewaj, oślico, durna pało", a ja odkrzykiwałam zrozpaczona i zła: „Nie wiem co, kretynie!".

Na jednym z wieczorów po zaśpiewaniu tematu utworu „How Insensitive" zaczęłam improwizować, a na scenę wszedł Tomek Stańko z trąbką. Powtórzył po mnie kilka moich zaimprowizowanych fraz. Zbaraniałam. To mogę zainspirować Tomka Stańkę? I on te moje marne wypociny powtarza? Może nie jest aż tak źle, myślałam uradowana. Był to pierwszy przełomowy moment, o którym Tomek nie ma zielonego pojęcia. Potem nastąpił okres naszych podróży po Europie. Myszkowaliśmy z Michałem po sklepach muzycznych w miastach, w których graliśmy. Na ogół interesowały nas przystawki elektroniczne do elektrycznych gitar. Pewnego dnia trafiliśmy na Dynacord Delay. Był to instrument z pokrętłami i suwakami. Podłączyłam do niego mikrofon, zaczęłam się nim bawić. Teraz mój głos leciał gdzieś w daleką przestrzeń, nakładał się jeden na drugi, robił dziwne manewry, wesołe fikołki, smutne jęki. Olśnienie, coś cudownego, jakie to rewelacyjne urządzenie! Potem doszły inne przystawki, które zmieniały mój głos jeszcze w inny sposób. Beczałam w dole nisko jak okrętowa syrena, charczałam jak odrzutowiec i dołączałam do tego echo na glissandzie z dołu do góry. Efekt wbijał słuchaczy w siedzenia.

Od tego czasu szukałam, co mi zostało do dzisiaj, nowości w elektronicznym świecie. Niektóre przystawki odkładałam do lamusa, bo mogłam już prawie tak samo zaśpiewać bez nich. To był mój nowy świat, nowy sposób, metoda używania głosu. Czułam się wolna jak ptak, zapomniałam o jakichkolwiek

1970 rok, Warszawa, Jazz Jamboree. ●
Chyba tu biorę wysokie C.

problemach głosowych, o ograniczeniach. Mogłam wyśpiewać
wszystko, co chciałam i jak chciałam. W Niemczech pisano:
„Ich habe so was noch nie gehört", w Stanach: „I've never heard
it before" (nigdy tego przedtem nie słyszałem). W „New York
Timesie" ukazała się notatka po koncercie giganta amerykańskiej
wokalistyki Ala Jarreau, że jego solówki przypominają wokale
z Urszuli Dudziak z użyciem elektroniki.

Al Jarreau's Eclecticism

AL JARREAU may be the most technically gifted singer working in jazz-fusion today. With his multioctave range, he boasts a stylistical eclecticism that encompasses gospel, jazz, pop and African and Latin American idioms. Mr. Jarreau has won a large and loyal following by synthesizing these styles into a highly polished, uplifting jazz-pop approach. This approach places a huge premium on techniques that carry scat singing into a tricky realm in which the voice not only rifts around a melody but also becomes a percussive instrument.

In the first of five shows Saturday at the Savoy, Mr. Jarreau, backed by two keyboard players, drums, bass and percussion, delivered a characteristically seamless performance that ran the gamut from brittle pop-funk ballads, such as his latest single, "We're in This Love Together," to a virtuosic vocal fantasy built around Dave Brubeck's "Take Five." Where Mr. Jarreau's pop style combines the timbral range of Johnny Mathis with the gospel phrasing of Bill Withers, his more adventurous arrangements permit a cappella passages of rhythmic heavy breathing and vocal percussion that recall the jazz singer Urszula Dudziak's electronically supported solos.

But Mr. Jarreau's concert lacked the emotional range of great jazz. He is such a prodigious talent that the absence of even the slightest blues inflections kept his music from cutting deeply.

Stephen Holden

● Recenzja z „New York Timesa" porównująca mnie do
legendarnego wokalisty amerykańskiego Ala Jarreau.
Przechwałka.

Good Times, Bad Times
Wojciech Karolak

P o bliższym poznaniu się z Urbaniakiem, czyli po mniej więcej rocznym mieszkaniu razem, Michał zaproponował mi małżeństwo. Odmówiłam, byłam pewna, że za chwilę znowu padnie to samo pytanie. Nie padło. Z czasem przyzwyczaiłam się, że żyjemy na kocią łapę. Podczas naszego grania w Skandynawii do naszych muzyków przyjechały żony. Do Andrzeja Dąbrowskiego – Małgosia, a do Wojtka Karolaka – Bożena. Polubiłyśmy się natychmiast i bardzo mile je wspominam. Małgosia zawsze uśmiechnięta, wesoła, troskliwa, życzliwa, typ zaradnej harcerki, a Bożenka – dama, patrząca czasami z góry, z niebanalnym poczuciem humoru, wzbudzająca podziw u mężczyzn i zazdrość u kobiet. Te dwie moje koleżanki zaczęły mnie buntować. Jak to tak można, podpuszczały mnie. Jesteś z Michałem blisko cztery lata i tak bez ślubu? Razem pracujecie i musi być jakaś gwarancja bezpieczeństwa. A co jak Michałowi się odmieni i zostaniesz na lodzie? – ostrzegały. Zaczęłyśmy akcję. Rezultat niebawem.

Wzięliśmy ślub w ambasadzie polskiej w Oslo 22 grudnia 1968 roku. Przejęty rolą ambasador Łobodycz, mój brat Leszek, Wojtalcio (tak pieszczotliwie mówiłam na Karolaka) z Bożenką, Andrzej Dąbrowski z Małgosią. Michał w eleganckim garniturze w prążki, ja w brązowej koronkowej sukience numer 36 przed kolana, z białym kołnierzykiem. Michał był do czasu ślubu zrelaksowany, natomiast kiedy zbliżał się termin, zaczął się bać. Ponieważ było za późno na odwrót, nie było za późno na miejscowe znieczulenie. Michaś był przez całą ceremonię „wpływowy" i na wszystko się zgadzał. Najpierw bawiliśmy się w restauracji Grand, a potem do rana u Randi Hultin, w domu na Gartnerveien 5. Randi była norweską dziennikarką, miłośniczką jazzu. Kochała polskich muzyków. Często gościła na warszawskim Jazz Jamboree. Jej dom tętnił jazzem. Miała setki winyli, dziesiątki albumów ze zdjęciami i wpisami legend jazzu. Wpisał się tam i rozświetlał stronę swoim pięknym uzębieniem i rozbrajającym uśmiechem Louis Armstrong. Z powagą spozierali John Coltrane i Charlie Parker. Gościli w jej domu Eubie Blake, Dizzy Gillespie, Roy Eldridge, Count Basie, Clark Terry, Bud Powell, Dave Brubeck, Charles Mingus, Sonny Rollins, Dexter Gordon, Tommy Flanagan, Stan Getz, Bill Evans, Chet Baker, Keith Jarrett i inni.

Randi malowała, świetnie fotografowała i kręciła dokumentalne filmy swoją super ósemką. Poruszała się z gracją i miała wyjątkową klasę. Przyjaźniła się na co dzień z sąsiadką Monicą Zetterlund, którą uwielbiałam za płytę „Waltz For Debby" z Billem Evansem, oraz z niepokorną nowatorką jazzowego wokalu, ze skandynawskim chłodem – Karin Krog, która była wśród naszych gości. Randi marzyła, żeby odwiedzić Stany, ale panicznie bała się tam lecieć. Kiedyś za młodu Cyganka przepowiedziała jej, że będzie leciała do USA, ale nigdy nie doleci. Ta myśl nie dawała jej spokoju i nie pozwalała jej zrealizować marzenia. Bardzo się przyjaźniła z długowiecznym legendarnym pianistą Eubie Blakiem. Zaprosił ją do Nowego Jorku na swoje hucznie obchodzone setne urodziny. Bała się. Jedna z jej córek (miała dwie, Vivi-Ann i Christinę) wkurzona na ten kłopotliwy przesąd postanowiła wziąć sprawę w swoje ręce. Kupiła dwa bilety na samolot, wciągnęła już znieczuloną alkoholem matkę do samolotu, tam zadbała o utrzymanie odpowiedniego poziomu zamroczenia i po kilku godzinach wylądowały na JFK w Nowym Jorku.

Od tego czasu Randi odwiedzała Stany bardzo często. To ona umożliwiła nam kontakt z norweską firmą płytową i w Oslo nagraliśmy pierwszy winyl na Zachodzie „Urbaniak's Orchestra” dla Atlas Records. Na tej płycie śpiewam, o zgrozo, „Oczy czarne” w stylu Violetty Villas, „Bluesette” (ładny walczyk), „One Note Samba” i wesołe „Whistle While You Work”. A Andrzej Dąbrowski pięknie śpiewa „ I've Got A Woman” „ It's The Good Life” i „People”. Repertuar zróżnicowany, ale odzwierciedlający rodzaj muzyki, jaką karmiliśmy bywalców restauracji, w których graliśmy przez kilka lat w Skandynawii.

Nice Work If You Can Get It

Billie Holiday

Naszym ulubionym nowojorskim klubem był The Bottom Line. Nazwałabym to miejsce raczej teatrem niż klubem. Grało tam wiele znanych i lubianych zespołów: Weather Report, zespoły Chicka Corei czy Herbiego Hancocka. Grały zawsze dwa zespoły. Najpierw był opening act, czyli zespół otwierający koncert, a po nim główna atrakcja wieczoru. Tego wieczoru wśród publiczności siedziała moja teściowa Irenka, która przyjechała z Warszawy do Nowego Jorku. Zespół otwierający nasz koncert należał do świetnego gitarzysty George'a Bensona. Nie wiedzieliśmy, że śpiewa, a to były jego pierwsze próby zaistnienia na rynku nie tylko jako gitarzysty, ale również wokalisty. Bardzo się podobał i zainspirował nas do zagrania świetnego koncertu. Po koncercie Irenka zrecenzowała występ Bensona: „Ten Murzyn, który występował przed wami, zrobi światową karierę, o jakiej nawet nie marzył". Wkrótce przewidywania Irenki sprawdziły się co do joty. Bardzo się cieszyła, że Michaś gra na skrzypeczkach, a nie na tym beznadziejnym saksofonie ten hałaśliwy jazz.

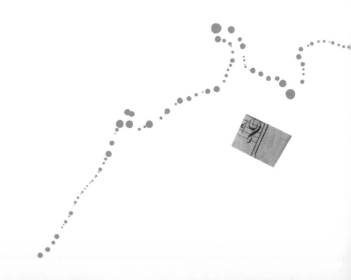

Giant Steps

John Coltrane

14 czerwca 1971, Montreux

Przyjechaliśmy wczoraj z Darmstadt zmęczeni, oczarowani
podróżą, a szczególnie Lozanną i Montreux. Dziś występujemy
na festiwalu jazzowym. Jesteśmy wszyscy pogodni, ale też spięci
tremą. Bądź co bądź tutejszy sukces to okno na świat, rozgłos
i ogólne uznanie. Pierwsza nagroda to występ na Newport Jazz
Festiwalu w NY i roczne stypendium w Berklee School of Music
w Bostonie. Następne trzy nagrody to nagrody pieniężne. Wczoraj
byliśmy na koncercie zespołów beatowych. Grali okrutnie głośno
i nudno. Zmierzch tej muzyki czuje się w każdym calu. Za tydzień
wracamy do Niemiec. Gramy w klubach oraz mamy dwa nagrania
radiowe. Adaś kupił pianino elektryczne Fender Rhodes i kolumnę
z lansingami. Jest w tym komplecie zakochany po uszy i my też.

16 czerwca 1971, Montreux

Nastroje zmienne. Nareszcie przestaliśmy mówić o nagrodach.
Konkurencyjne zespoły grają coraz lepiej, nagrody odjeżdżają coraz
dalej. Wczoraj grał King Curtis, ale to Maxem Roachem byliśmy
zachwyceni. Nieprawdopodobna precyzja. Czekam na Leona
Thomasa i Robertę Flack. Nastroje na koncertach fantastyczne.
Będzie co wspominać. Grywam często w ruletkę i za każdym
razem przyrzekam, że to ostatni raz. Hazard mógłby mnie łatwo
połknąć. Byliśmy dzisiaj w Lozannie w restauracji Le Grand Chene
i odwiedziliśmy znajome kąty. Śliczna wycieczka.

19 czerwca 1971

Co za radość!!! Misiu dostał pierwszą nagrodę solisty, czyli roczne stypendium do Berklee w Bostonie i udział w Newport Jazz Festival. Ryczeliśmy i śmialiśmy się na zmianę. Jest to niesamowity sukces. Na wynik czekaliśmy dość długo. Nagle wysypała się garstka jurorów, dziennikarzy i wszyscy zaczęli Misiowi gratulować. Jest to dla Misia i dla nas niesamowita reklama. Oprócz tych miłych niespodzianek były smutne zdarzenia jak bojkoty zespołów, awantury, ale my byliśmy z daleka od tego. Wczoraj jako pierwszy wystąpił big-band Olivera Nelsona. Misiu z saksofonem siedział w pierwszym rzędzie i po swojej solówce dostał najwięcej braw. Mimo drobnych wpadek big-band brzmiał świetnie, a czarna sekcja była wspaniałym motorem całego grania. Potem dołączył Gato Barbieri. Grał prosto i pięknie, i czasami przypominał granie Pharoah Sandersa. Potem grał ze swoim zespołem, w którym było masę instrumentów perkusyjnych. Co za rytmy!!! Coś genialnego. Szczególnie podobał mi się Nana Vasconcelos. Grał na chocollo, guiro, na łuku (moja prywatna nazwa), tamburynie i śpiewał, a raczej krzyczał. Przepiękny występ. Czekałam na Leona Thomasa i bałam się, że go nie usłyszę, bo zbliżała się już czwarta rano, a ten maraton zaczął się o dwudziestej.

Nareszcie organizator Claude Nobs zapowiedział występ Thomasa.

Wyszedł wielki, piękny Murzyn, ubrany kolorowo, obwieszony przeszkadzajkami. Sekcja ruszyła, a on zaczął śpiewać. Brakuje mi słów. Siedziałam zauroczona i często pokrywałam się gęsią skórką. Nigdy tego nie zapomnę. Wkrótce musieliśmy iść do domu, bo Misiu narzekał na zdrowie. Jestem na pierwszym międzynarodowym festiwalu jazzowym i teraz wiem, że jest to niepowtarzalne przeżycie, kopalnia pomysłów, uczta dla duszy i dla gorącego dla muzyki serca. Taka olbrzymia porcja znakomitej muzyki sprawia, że wszyscy są uśmiechnięci, zadowoleni, szczęśliwi.

Starałam się podpatrzyć, jak grają Czarni na instrumentach
perkusyjnych. Mało zapamiętałam, niestety. Z pieniędzmi cieniutko.
Mamy tylko kilka koncertów w Niemczech, ale Misiu cały czas
działa i na pewno coś więcej załatwi.

Po festiwalu wróciliśmy do naszej europejskiej rutyny grania jak
najwięcej. Żal nam było zostawiać tak świetny zespół i jechać do
Nowego Jorku. Do tego Michał twierdził, że jeszcze nie jesteśmy
gotowi, że pojedziemy jako dojrzali muzycy, którzy przywiozą do
Ameryki nie tylko swój talent, ale i swoją prekursorską muzykę.
Po dwóch latach zapadła decyzja, że jedziemy. 11 września 1973
roku wsiedliśmy do samolotu do Nowego Jorku.

1971 rok, Szwajcaria, Festiwal Jazzowy w Montreux. ●
Tu idę na całego. Lubię to!

fot. Jörg Becker

99 Red Balloons

Nena

Po śmierci mojego ukochanego Jerzego Kosińskiego moje córki Kasia i Mika (miały trzynaście i jedenaście lat) martwiły się o mnie i kilka tygodni później, dokładnie 14 czerwca 1991 roku, wymyśliły wzruszający sposób uczczenia jego pięćdziesiątych ósmych urodzin i jednocześnie pożegnania się z nim.

Dziewczynki kupiły trzy balony wypełnione helem. Do każdego z nich przyczepiłyśmy swoją kartkę z listem do Jerzego, poszłyśmy do Central Parku i wypuściłyśmy balony do nieba. Tylko Kasia nie chciała podzielić się z nami treścią swojego listu.

1989 rok, Nowy Jork.
Od lewej: córka Kasia, Jerzy Kosiński, córka Mika.
Wróciliśmy z Central Parku z maleńkim rannym ptaszkiem. Nie był malowany. Miał szczęście trafić w dobre ręce.

Była z Jerzym w wyjątkowej komitywie. Pamiętam reakcję Jurka, kiedy przeczytała mu kilka swoich wierszy (miała wtedy jedenaście lat). Był zachwycony i przepowiedział jej literacką karierę, a Kasia była w siódmym niebie. Po kilku miesiącach zwierzyła się Mice i mnie, że w liście przyczepionym do balonu napisała zdanie: „Jurku drogi, jestem pewna, że nic ci nie jest w stanie przeszkodzić w pisaniu".

Open House

Lou Reed

asz manhattański dom był otwarty. Zamieszkałam z Michałem w samym centrum Manhattanu, na 58. ulicy między 6. a 7. aleją. Za rogiem jest Carnegie Hall, obok luksusowy hotel Essex House, a od 59. ulicy na północ rozciągają się płuca Nowego Jorku, czyli Central Park. Ten adres doradził nam Roman Waschko, dziennikarz, wielki fan jazzu i naszych zmagań na amerykańskim gruncie. Podczas jednej z jego wizyt na Manhattanie zabraliśmy go na koncert jazzowy do Village Gate, popularnego w latach siedemdziesiątych i osiemdziesiątych dużego klubu jazzowego. Koncert prowadził znany prezenter nowojorskiej stacji jazzowej Les Davis. Wchodziliśmy do klubu we trójkę, Roman, Michał i ja. Wchodzących zobaczył nas na schodach Les i przez mikrofon głośno przywitał. Nagle cała sala zerwała się na równe nogi i wszyscy, odwracając się w naszą stronę, zaczęli nam bić brawo. Staliśmy wzruszeni, natomiast Roman był zszokowany i długo nam to „wypominał". Twierdził, że owszem słyszał, widział, ale ten moment go totalnie zaskoczył, no i tak naprawdę nas też.

W tym czasie wielu polskich artystów przyjeżdżało do Stanów. Zawsze zahaczali o Nowy Jork. Koncertowali na Manhattanie albo na Greenpoincie, często udając się do Chicago lub dalej, do Kanady. Mam zdjęcia z tych lat, a na zdjęciach: Czesiu Niemen, Maryla Rodowicz, Sława Przybylska, Alina Janowska, Janusz Rewiński, Jerzy Połomski, Irena Santor, Ania Jantar, Krysia Sienkiewicz i wielu, wielu innych. Odwiedzili nas również Tadeusz Konwicki i Stanisław Dygat, który miał nie lada stres, bo ktoś z Polski zażyczył sobie dokładnie konkretnych dżinsów i pan

Dygat męczył wszystkich pytaniem, gdzie można je dostać.

Tuż po przyjeździe do Nowego Jorku naszymi pierwszymi przyjaciółmi byli i są do dziś Rysiu i Ania Horowitzowie, którzy zaopiekowali się nami jak najbliższą rodziną. Potem poznaliśmy Elę Czyżewską i Agnieszkę Osiecką, która często zaglądała do Nowego Jorku.

W latach osiemdziesiątych poznałam Ewę Zadrzyńską, żonę Janusza Głowackiego, a ich córka Zuza wychowywała się razem z moimi Kasią i Miką. Będąc u Głowackich, rzuciłam okiem na zbiór krótkich opowiadań Janusza i jak zaczęłam czytać, to nie mogłam się oderwać. Jedno opowiadanie „Przed burzą" przepisałam u nich w domu odręcznie,

1981 rok, Nowy Jork.
Od lewej: Ela Czyżewska, Magda Dygat, Krysia Sienkiewicz, Sława Przybylska i Ula z Kasią na rękach. Wyżej od lewej: Janusz Rewiński i Michał Urbaniak.

tak mi się spodobało, a Janusz miał tylko jeden egzemplarz i nie mógł mi go użyczyć. Chodziliśmy całą grandą na sztuki Janusza i cieszyliśmy się bardzo z jego sukcesów. Grał wtedy też nieźle w tenisa. Pamiętam nasz mecz na kortach przy Hudson River, pod koniec jakiegoś sierpnia, tuż przed słynnym turniejem tenisowym US Open. Podczas zaciętego meczu nad naszymi głowami zaczął krążyć helikopter. Janusz przystanął i powiedział: patrz, Ula, szukają zawodników na US Open.

Nie zapomnę, jak płakałam na ramieniu Irenki Santor, że tęsknię za mamą, za Zieloną Górą, za Polską, a zamiast współczucia dostałam od niej oprerz typu: przestań się mazać, masz tu bardzo ważne zadanie do wykonania, jesteś ambasadorem naszej kultury, rozsławiaj nasze dobre imię! Przypomniałam jej to niedawno, mamy niezłą pamięć, bo też to dobrze pamiętała. Ewa Demarczyk i jej słynny koncert w manhattańskim Town Hall, gdzie publiczność szalała, a potem siedzieliśmy do rana i Ewa śpiewała dziesiątki starych piosenek, pamiętając WSZYSTKIE teksty, a ja siedziałam zauroczona.

Alina Janowska podróżowała zawsze ze swoją rakietą tenisową i z eleganckimi tenisowymi sukienkami. Wyzywała mnie na mecz i na ogół z nią przegrywałam. Miała pięknie ułożone uderzenie i poruszała się na korcie z wielką gracją. Stan Borys i Ewa mieszkali u nas przez jakiś czas, podobnie jak Wojtek Fibak i Czesiu Niemen. Janusz Kapusta, Andrzej Czeczot dołączali do naszej grupy trzymających się razem. Rafał Olbiński dawał mi pozytywy swoich obrazów za darmo – wykorzystywałam je na okładkach moich płyt. Tak samo hojny był Rysiu Horowitz. Ania Bogusz, żona Rysia, do dziś jest moją serdeczną przyjaciółką. Pracując w ONZ, dotarła do ówczesnego sekretarza generalnego Kofiego Annana, żeby pomógł mojej córce Mice dostać się do międzynarodowej szkoły ONZ, bo już nie było miejsc – i pomógł. Hania Hartowicz, Adam Hollender, Zbyszek Orwicz z Różą, Leszek Świerszcz z Elą... Była to pokaźna grupa nietypowych Polaków. Nikt nikomu nie zazdrościł, nie podkładał nóg, nie plotkował. Spotykaliśmy się przy różnych okazjach, najczęściej przy Wielkanocy i świętach Bożego Narodzenia,

1980 rok, Nowy Jork.
Od lewej: Danusia Rinn z Miką i Ula z Kasią.

ale też na premierach, wystawach, koncertach czy urodzinach, cieszyliśmy się sobą do woli. Romantyczno-idealny obraz. Ja to tak pamiętam.

Trzymaliśmy się wszyscy blisko, szczególnie podczas katastrofy, jaką był stan wojenny. Dużo było w gazetach, ale czy pisali prawdę? Uspokajaliśmy się wzajemnie lub wyobrażaliśmy sobie niestworzone rzeczy, nie sypiając po nocach. Tak daleko, a tak blisko.

W naszym domu, dwa piętra wyżej, mieszkała Susan Sarandon, bardzo ceniona aktorka filmowo-teatralna. Wtedy mieszkał z nią muzyk, basista Tom. Wpadałyśmy czasami do siebie na herbatkę. Kiedy po nominacji oscarowej „Blaszanego bębenka" Daniel Olbrychski wracał z Los Angeles do Warszawy przez Nowy Jork, zrobiłam party u mnie, na którym były między innymi Susan i Ela Czyżewska, a Daniel śpiewał bardzo zabawną piosenkę pt. „Nie oddamy Chinom Związku Radzieckiego". Potem Susan przeniosła się do Soho i zrobiła światową karierę. Kilka miesięcy temu poszłyśmy z Kasią i Miką do broadwayowskiego teatru na sztukę „Exit The King" („Król umiera") Eugene'a Ionesco z Susan w roli głównej. Dostałyśmy się za kulisy (nie wpuszczono nikogo oprócz nas), żeby pogratulować jej wspaniałej roli. Przywitała nas bardzo serdecznie i powspominałyśmy stare czasy.

1996 rok, Nowy Jork. Basia Trzetrzelewska i Ula.
Po jej rewelacyjnym broadwayowskim koncercie,
u mnie w domu na 58. ulicy. Wielka radocha!!!

1981 rok, Nowy Jork.
Od lewej: Marysia Konwicka, Michał Urbaniak,
Alina Janowska, Ula, moja kuzynka
Janeczka Korpiela-Moddaber, Jerzy Połomski.

1980 rok, Nowy Jork.
Od lewej: Joe Zawinul, Ula z Kasią.
Och, te urocze polaroidy!
Nasze mieszkanie gościło wielu wspaniałych artystów.
To były piękne dni, niezapomniane czasy!

Podczas moich blisko czterech lat z Kosińskim wpadaliśmy z Jurkiem często do restauracji Columbus 69. W drzwiach stał właściciel i robił tak zwany screening, czyli przesiew. Wpuszczał tylko znanych ludzi, dbając, by czuli się jak u siebie w domu. Żadnego fotografowania, autografów, przyglądania się z bliska. Tam właśnie Jurek poznał mnie z kilkoma gwiazdami światowego formatu. Do naszego stolika przysiadła się Bette Midler i rozmawiała z Jurkiem jak ze starym znajomym. W ten sposób poznałam Burta Bacharacha (jest bardzo niski) czy ucznia Jurka z uniwersytetu w Yale, aktora Christophera Walkena (on z kolei jest wielki). Jurek zawsze mnie przy nich wychwalał, choć prosiłam go, żeby cicho siedział na mój temat, bo krępowały mnie jego wyszukane komplementy.

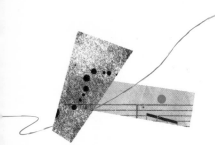

Heroes

David Bowie

Lata 90., Szwecja, Göteborg.
Od lewej: Bengt Dahllof, Marcus Miller i ja.
*Miło powspominać nowojorskie początki, kiedy
Marcus grał z nami, mając siedemnaście lat.*

Wiele wokalistek, które cenię, poznałam osobiście. Ale wielu,
niestety, nie dane mi było poznać. Żałuję, że nigdy nie
poznałam osobiście mojej gwiazdy przewodniej Elli Fitzgerald.
Słyszałam ją śpiewającą na pogrzebie Duke'a Ellingtona
w Nowym Jorku, ale nigdy nie uścisnęłam jej ręki i nie
powiedziałam. jak jest dla mnie ważna. Drugą taką śpiewaczką
była Sarah Vaughan, która miała cudowny, niezwykły głos,
pięknie frazowała i rewelacyjnie interpretowała amerykańskie
standardy. Miałam radość z koncertowania w programie włoskiej
telewizji z Niną Simone. Miała opinię nieznośnej, wyniosłej
i nie do życia. W restauracji przy telewizji zaprzyjaźniłyśmy się
i była dla mnie bardzo serdeczna. Podała mi swój dokładny adres
i zachęcała do odwiedzin.

W tym programie brała udział również Carmen McRae, wokalistka o pięknym niskim głosie, której śpiewanie przeszywało, poruszało i zostawiało wieczny niedosyt. Ponieważ jak Nina Simone była starsza ode mnie, traktowała mnie jak o wiele młodszą, zdolną koleżankę.

Z Dee Dee Bridgewater było już inaczej, bo znałyśmy się z europejskich festiwali i witałyśmy się jak koleżanki.

W Nowym Jorku zachwycałam się Betty Carter i Tanią Marią.

Betty była ulubienicą muzyków, bo śpiewała, jakby grała na przykład na saksofonie. Genialnie improwizowała, czasami w zawrotnych tempach. Nie miała dobrej opinii jako człowiek. Ostra, wymagająca i niedostępna. W jednym z wywiadów powiedziała: „Pojawiają się nowe gwiazdy, wokalistki takie jak Flora Purim i Urszula Dudziak. Owszem, robią ciekawe rzeczy, ale jestem ciekawa, czy kiedykolwiek śpiewały standardy jazzowe?". Odpowiedziałam w duchu: tak, i miałam ich około pięciuset w swoim repertuarze, wszystkie znając na pamięć.

Natomiast Tania Maria, ta wesoła Brazylijka, miała zawsze świetny zespół, siedziała przy pianinie i śpiewała unisono z melodią na keyboardzie. Ten jej brazylijski fusion brzmiał fantastycznie, a techniki wokalnej można było jej pozazdrościć. Za czasów amerykańskich nie poznałam jej osobiście, ale chodziłam na jej koncerty i oglądałam ją z zachwytem. Niedawno przyjechała do Warszawy i dała piękny koncert w ramach Ery Jazzu w naszej warszawskiej filharmonii. Poszłam po koncercie za kulisy. Kiedy usłyszała moje nazwisko, rzuciła mi się na szyję, krzycząc: „To ty? Nareszcie! Dzięki tobie zaszłam w mojej muzyce tak daleko, ty byłaś i jesteś moim wzorem, na tobie się uczyłam i to, co umiem dziś, to wszystko dzięki tobie!". Wystraszyłam się jak przed laty,

2010 rok, Warszawa, Filharmonia Narodowa. Tania Maria i ja.
Ja w nią wpatrzona, a ona mówi, że dzięki mnie śpiewa tak, a nie inaczej.
Znowu krępują mnie komplementy, jak przed laty. Kocham ją, jest wspaniała.

ale zaraz stanęłam prosto i uśmiechałam się,
dziękując za komplementy. Po koncercie,
dając wywiady, cały czas trzymała mnie blisko,
tłumacząc wszystkim, jaka jestem dla niej ważna.

Z Brazylijką Florą Purim konkurowałyśmy na
całej linii. Doszła do mnie wiadomość, że kiedy
genialny basista Stanley Clarke puścił Florze
moją płytę nagraną z Adasiem Makowiczem
„Newborn Light", to po wysłuchaniu pierwszego
utworu zapytała ze złością: „Who is this bitch!?"
(kim jest ta k...). Natychmiast kupiła sobie
przystawki elektroniczne i śpiewała z nimi przez
lata. Spotkałyśmy się na festiwalu jazzowym
w Tel Awiwie w 1985 roku i zapytałam, czy to
prawda z tym przekleństwem. Przyznała się
i powiedziała jeszcze, że przez tę płytę stałam się
jej zmorą, bo chciała tak samo, to samo,
a ja byłam pierwsza. Padłyśmy sobie w ramiona
i od tego czasu jesteśmy „soul sisters" i tak
już zostanie.

Kilka tygodni temu dostałam e-mail od
Esperanzy Spalding, wspaniałej wokalistki
i basistki. Jest ona faworytką prezydenta
Obamy, śpiewała na jego inauguracji i na
wręczaniu mu Nagrody Nobla, niedawno
wręczono jej w Los Angeles nagrodę Grammy
w kategorii najlepsza nowa artystka. Napisała mi, że jestem
jej światłem przewodnim i jej inspiracją. Jest mi ciepło na sercu,
a moja córka Mika, która teraz nagrywa swoją drugą płytę, jest
z tego dumna, bo uwielbia Esperanzę. Miło być docenianą przez
wybitną młodzież. It makes me very happy!!!

1991 rok, Rzym.
Plakat koncertu telewizyjnego
Swing Ladies.

Marsz winobraniowy

Tadeusz Cegielski, Edward Piórek

Zielonogórskie Winobranie dzisiaj wygląda zupełnie inaczej niż za moich szkolnych czasów. U schyłku lata na ogół pogoda jest tak łaskawa, że cała Zielona Góra bawi się na dziesiątkach imprez, koncertów, pokazów, konkursów, a mieszkańcy popijają już zielonogórskie, a nie importowane wino. Z winnicami było różnie, ale ostatnio zadbane rosną radośnie i okalają miasto, piękną Palmiarnię, która dumnie stoi na wzgórzu i pilnuje porządku. A z porządkiem podczas Winobrania bywało różnie.

W latach pięćdziesiątych i sześćdziesiątych był taki zwyczaj, że kiedy ktoś się za bardzo narąbał, to milicja wsadzała go do gazika i wywoziła za miasto, hen, daleko. Zanim taki delikwent dotarł do miasta, było już po Winobraniu, a z organizmu zdążył wyparować nadmiar alkoholu. Nie tylko Winobranie nas wtedy sławiło. Mieliśmy też Festiwal Piosenki Radzieckiej. Dla miłośników jazzu takich jak ja i wywrotowców (w szkole muzycznej zamiast gam grałam boogie-woogie) wyjątkowym obciachem było zaśpiewać na tym festiwalu. Zaliczyłam w życiu parę obciachów, ale tego nie. Po mojej trzynastoletniej nieobecności w Polsce przyleciałam z Nowego Jorku do Warszawy na Jazz Jamboree z Bobbym McFerrinem.

W tym samym czasie Telewizja Polska kręciła dokument o mnie. Zaproponowałam miasto mojej młodości – Zieloną Górę. Prosili, żebym oprowadziła ekipę po ulubionych zakątkach. Poproszono, żebym pokazała dom, w którym mieszkałam. Pojechaliśmy na Dąbrowskiego 26. Po zlustrowaniu budynku, a wyglądał obskurnie, kierownik produkcji wraz z kamerzystami

zrobili w tył zwrot i postanowili to wyciąć z filmu. Czułam się co najmniej zakłopotana. Byłam tam niedawno. Budynek wygląda nieźle i już tak nie straszy. Muszę komuś podziękować, tylko nie wiem komu. Nadal wzruszam się, zaglądając do mojego miasta – jest coraz piękniejsze.

9 lipca 2004 roku zostałam honorowym obywatelem Zielonej Góry i byłam dumna, że stoję obok Zbigniewa Czarnucha, mojego pedagoga i guru z lat młodzieńczych, który też został tak uhonorowany. Kilka lat później, 9 czerwca 2007 roku, zostałam obdarowana honorowym obywatelstwem Gubina, który leży niedaleko Zielonej Góry.

Oglądałam w Gubinie dom, w którym mieszkałam z rodzicami i starszym bratem Leszkiem, a potem z siostrą Danusią. W mojej pamięci była to ogromna luksusowa willa z salonami i weneckimi oknami. Stała u podnóża olbrzymiej, groźnej Góry Śmierci. Naokoło sady, pola, zagajniki. W rzeczywistości po latach zobaczyłam skromniutki domek, góra okazała się nie taka duża, zamiast pól są jakieś zabudowania fabryczne, a zamiast sadów rozsiane domki. Mam teraz w głowie dwa obrazy, które dzieli różnica sześćdziesięciu lat. Ilekroć jestem w Zielonej, zaglądam do Gubina, i odwrotnie.

Z zasług i nagród bardzo sobie cenię Krzyż Kawalerski Orderu Odrodzenia Polski, który nadał mi 4 września 2009 roku prezydent Lech Kaczyński. Swoją wartość ma dla mnie medal Gloria Artis. Podczas mojego pobytu w Nowym Jorku spotkała mnie miła niespodzianka. Dostałam nagrodę pieniężną w wysokości dziesięciu tysięcy dolarów, przyznaną mi przez fundację amerykańską popierającą zdolnych artystów National Endowment for the Arts. Więcej grzechów nie pamiętam, ale ilekroć wychodzę z miejsca, w którym teraz siedzę (w biurze mojego mieszkania na Marszałkowskiej), potykam się o pojemną szklaną witrynę wielkości szafy, w której stoją nagrody za turnieje tenisowe. Jest ich zatrzęsienie.

Trzy lata temu byłam na Florydzie, w Bradenton, w światowej sławy szkole tenisowej prowadzonej przez legendarnego Nicka Bollettieriego i trenowałam w upale po sześć godzin dziennie z dwoma zawodowymi trenerami. Rewelacyjny obiekt, z sześćdziesięcioma kortami, kilkoma boiskami piłkarskimi i olbrzymim polem golfowym. Śmigaliśmy tam rowerami albo elektrycznymi samochodzikami. Jestem podejrzewana o pakt z diabłem, bo dla sześćdziesięciopięcioletniej kobiety to nie lada wysiłek, a dla mnie to był mały pikuś. Miałam tam życiową frajdę. Za moje tenisowe sukcesy wznoszę toast lampką zielonogórskiego wina.

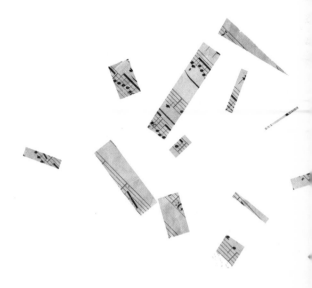

Crosstown Traffic

Jimi Hendrix

Bardzo mnie ucieszyła wiadomość, że zagramy w sylwestra 2011 na wrocławskim Rynku dla telewizyjnej „Dwójki". Moja menedżerka Sylwia przekazała mi wiadomość od producenta imprezy, że nie wolno się spóźnić na pierwszą próbę w piątek trzydziestego. Wszyscy mieliśmy być w gotowości o piętnastej. Producenci zmęczeni spóźnialskimi gwiazdami wymyślili kary. Za każde dziesięciominutowe spóźnienie wysoka kara, nie mówiąc o braku szacunku dla tych, którzy są punktualni. Ja jestem ZAWSZE na czas!!!

Cała ekipa – muzycy i management – wyjechała wielkim autobusem z Warszawy trzydziestego o piątej rano. Wybrałam pewną i wygodniejszą opcję – pociąg Eurocity Warszawa – Wrocław o 8.55, podróż w wagonie bezprzedziałowym, przy stoliku, na którym mam zwykle: mojego maca airbooka, iphone'a, ipoda, najnowsze gazety i niedoczytaną książkę. Za oknem przemykające lasy, pola, miasta i wioski. Cieplutko, przytulnie, wagon restauracyjny tuż obok. Cudo!

Wsiadłam do taksówki o 8.25, miałam do odjazdu całe pół godziny. Drogę z mojego mieszkania tuż przy placu Unii Lubelskiej do Dworca Centralnego pokonywałam zazwyczaj w czasie od siedmiu do dziesięciu minut. Lubiłam być bezstresowo wcześniej. Ale tego właśnie dnia, tuż przy Szpitalu Dziecięcym przy Litewskiej, utknęliśmy w korku. Myślałam, że przez jakiś wypadek. Posuwając się w żółwim tempie, zbliżaliśmy się do placu Zbawiciela. Nagle zrobiła się godzina 8.40, do odjazdu pociągu zostało mi piętnaście minut. W tym momencie olśnienie!

Przecież plac Konstytucji jest zamknięty przez przygotowania do sylwestrowej imprezy! Tylko tramwaje mogą tędy przejechać. Sylwia dzwoni do mnie zdenerwowana. Radzi, żebym się natychmiast przesiadła do tramwaju. W te pędy wyrywam walizkę, zawieszam dwie ciężkie torby na ramiona i biegnę na przystanek na placu Zbawiciela. Taksówka wolno objeżdża plac, a tramwaju nie ma. Odjechał, właśnie kiedy wysiadałam z taksówki.

Tuż przed wjazdem mojej taksówki w ulicę Mokotowską, decyduję się. Porywam walizkę i biegnę, otwieram tylne drzwi, wrzucam walizkę i torby. Stoimy w korku. O! Właśnie nadjeżdża kolejny tramwaj. Otwieram drzwi taksówki, rwę walizkę i torby i biegnę do tramwaju, wpadam w ostatniej chwili. Przy każdych czerwonych światłach modlę się zapamiętale. Proszę o zielone, jak najszybciej, please! Dzwoni Sylwia: „Ula, musisz zdążyć na pociąg". Mówi głośno z udawanym spokojem. Wypadam z tramwaju przy Rotundzie. Mam do pociągu cztery minuty. Biegnę po schodach do podziemia, żeby wybiec w Alejach Jerozolimskich tuż przy przystanku autobusowym. Na rondzie przy Rotundzie czekają samochody, bo jest czerwone światło. Wybiegam na środek drogi i macham rozpaczliwie rękami. Samochody ruszają. Albo mnie przejadą, albo któryś się zatrzyma i podrzuci mnie te kilkaset metrów. Na czele jedzie mały samochód dostawczy. Zatrzymuje się. Wrzucam walizkę na tylne siedzenie, a za nią moje dwie ciężkie torby. Krzyczę: „Muszę zdążyć na pociąg! Mamy trzy minuty. Od pana zależy, czy zdążę, a muszę zdążyć. Moje życie w pańskich rękach!" – drę się. Kierowca, starszy pan, docisnął pedał gazu i odkrzyknął: „Postaram się, pani Urszulo!". W tym momencie dzwoni Sylwia: „Ula, musisz zdążyć, nie ma innej opcji!". Zauważam, że kierowca skręca o kilka metrów za wcześnie, w ulicę Emilii Plater,

zamiast podjechać pod schody na perony. Szaleję, krzyczę, obok
samochody, za późno, żeby się cofnąć, trzeba dojechać prawie
do ulicy Świętokrzyskiej. Krzyczę na kierowcę. Krzyczę, że przez
niego nie zdążę! Wykręcamy, podjeżdżamy pod schody.

Wysiadam z torbami, biegnę, a za mną kierowca z moją
walizką. Lecę schodami w dół i krzyczę do ludzi przed dworcem:
„Z którego peronu do Wrocławia?". Ktoś odkrzykuje:
„Z czwartego!". Biegnę w prawo do czwórki i widzę, że mój pociąg
stoi. Wbiegam na ruchome schody i w tym momencie pociąg
rusza! Jestem zdewastowana. Kierowca spocony, przeprasza, a ja
płaczę jak dziecko, daję mu jakiś banknot, też go przepraszam
za krzyki, on w pośpiechu odchodzi. Ludzie patrzą i współczują.
Myślą, że stała się jakaś tragedia – wypadek, ktoś umarł?! W tej
chwili dzwoni Sylwia i pyta spokojnie: „Ula, jesteś w pociągu,
tak?". Nie mogę wydusić słowa.

W końcu skomlę przez łzy: „Nie, nie zdążyłam. Zabrakło mi
około piętnastu sekund". „Nie ruszaj się stamtąd, coś wymyślę
i zaraz oddzwonię". Po chwili telefon: „Ula, jest samolot o 13
z Warszawy do Wrocławia, ląduje o 13.55, ale nie ma biletów.
Jedź teraz na lotnisko. Musisz dostać się na ten samolot".
Odpowiedziałam już spokojniej: „Kochana, dostanę się, nawet
gdybym musiała siedzieć na kolanach pilota". W drodze na
lotnisko dzwonię do przesympatycznej pani Grażynki z LOT-u.
Obiecuje zbadać dokładnie sytuację. Dzwoni po dziesięciu
minutach i mówi, że właśnie zwolniło się jedno miejsce
i zarezerwowała je dla mnie. Jestem na lotnisku i po odprawie idę
do business lounge LOT-u, resetuję organizm, siedząc wygodnie,
popijając kawkę, czytając „Gazetę Wyborczą". Ja to mam szczęście.
I cały czas sobie to powtarzam.

Goodnight and Goodmorning
Hall & Oates

Jak fajnie, że dotarliście do tego miejsca. Przeczytaliście całą książkę? Chyba że ktoś z Was ma zwyczaj czytania książek od tyłu. W tym wypadku kolejność nie jest ważna. Na pomysł napisania „Wyśpiewam Wam Wszystko" w ten sposób wpadła moja córka Kasia. Najpierw zamierzałyśmy napisać wspólnie moją autobiografię w formie wywiadu – rzeki. Kasia zrobiła ze mną setki godzin wywiadów, cały rok poświęciła na spisanie wszystkiego, co jej opowiedziałam, i razem doszłyśmy do wniosku, że nie tędy droga.

Postanowiłam sama się zmierzyć z tym trudnym zadaniem. Zaczęłam cytować moje pamiętniki mieszane z narracją. Wyliczyłam, że zajmie mi to osiem lat. Poddałam się. Był listopad 2010. Przypomniałam sobie, że w 1996 roku „włamałam się" w Łodzi do mieszkania znanego i cenionego astrologa Leszka Weresa. To znaczy kręciłam wtedy w Łodzi wideoklip i dowiedziałam się, że na wizytę u Leszka trzeba czekać dwa lata. Wstałam wczesnym rankiem i zaopatrzona w adres pognałam do jego mieszkania. Otworzył mi drzwi sam mistrz. Był w piżamie. Rozpostarł szeroko ramiona i krzyknął: „Uleczko, jak miło!", a ja na to: „Tak długo czekałam i się doczekałam!", co było ściemą, bo czekałam tylko dziesięć godzin. Mój astrologiczny werdykt był gotowy już następnego dnia. Jedna z prognoz brzmiała: jak będziesz miała ochotę trochę wyhamować z tempem życia muzycznego, to zaczniesz pisać. Byłam zaskoczona. Owszem, mam około trzech tysięcy sześciuset stron pamiętników, ale żeby coś napisać dla szerokiej publiczności? Nie bardzo.

Na razie nie mam ochoty zwolnić tempa, ale piętnaście lat po tej przepowiedni siadłam do komputera i to był początek tej nowej, fantastycznej przygody życia. Wybaczcie mi, kochani, że w tej książce czasami coś pokręciłam, kogoś ważnego pominęłam, że coś się nie zgadza. Starałam się, jak mogłam. Były okresy złości, niemocy, uniesienia i radości. Poleciała mi niejedna łza i nierzadko śmiałam się do rozpuku. Kasia powtarzała: mama, pisz tak, jak opowiadasz, bo robisz to świetnie. Pisząc tę książkę, mówiłam do Was i wyobrażałam sobie, że słuchaliście mnie z wypiekami na twarzy. Good Bye! Good Morning! Ja dopiero zaczynam.

Thank You for the Music

ABBA

*P*rzymierzałam się do napisania autobiografii przez wiele lat.
Nie miałam pojęcia, że to się stanie w 2012 roku. Ale stało się!
Napisałam tę książkę sama i jestem z tego dumna. No tak, ale jak
do tego doszło? Kto w tym maczał paluszki? Chciałam się pięknie
pokłonić tym wszystkim, których tu wymienię ALFABETYCZNIE,
żeby sobie nie myślano, że za kolejnością coś się kryje.

Mój oddany przyjaciel Jacek Cudny namawiał mnie na tę
książkę od lat. Sprawdzał regularnie, czy już piszę, czy się znowu
wymiguję. Nawet zaproponował tytuł: „Mężczyźni, wino i jazz".
Widzisz, Jacku, dotrzymałam słowa. Późno? Ale jak wiesz, dopiero
zaczynam, ja się dopiero rozkręcam.

Moja kochana siostra Danusia jest zawsze blisko mnie, choć
mieszka w Szwecji. Też ciągle dopytywała się o moje wspominki.
Tak się cieszyłam, kiedy urodziłam drugą dziewczynkę, bo wiem,
jaka to frajda mieć siostrę!

Lesiu, mój brat, rozpalił moją miłość do muzyki i z czasem do
jazzu. Słucham go do dzisiaj jak pies trąby, bo ma (prawie) zawsze
rację.

Paweł Ferdek wymyślił świetny tytuł „Wyśpiewam Wam
Wszystko". Pięknie Ci dziękuję, Pawełku.

Remek Grzela, mój edytor, mój wielki muzyczny fan, podchodził
do tego tekstu jak do mojej muzyki. Jak dobrze, że jesteś,
Remeczku!!!

Jadzia Korcz-Dziadosz, moja siostra duchowa, zielonogórzanka, bliska mojemu sercu, zawsze pomocna i roześmiana, znamy się blisko sześć dekad! O rany!!!

Moja menedżerka Sylwia Słowatycka – nie ma takiej drugiej na świecie! Ona mnie chroni, broni, otacza wyjątkową opieką, a ile serca i wysiłku włożyła w wydanie tej książki?! To nie mieści się w głowie. Kocham Cię, moja maleńka!!!

Zresztą jestem superzadowolona z mojej Agencji Artystycznej „Kayax", której króluje wspaniały Tomik Grewiński, a któremu nierzadko doradza wyjątkowa Kayah.

Mój fantastyczny zespół – nie bez powodu nazywający się Superband (Jasiu Smoczyński, Łukasz Poprawski, Krzysiu Pacan, Robert Cichy i Artur Lipiński) – jest moją wizytówką. To ci wspaniali muzycy spełniają moją pasję i grają mi przepięknie, a wspólne z nimi koncerty i podróże to dla mnie wyjątkowa frajda.

Ile to razy hojna Halinka Zawadzka (Hexeline) mnie pięknie ubierała? Nie zliczę!! Wielkie dzięki!

A zgadnijcie dlaczego tak pięknie wygląda okładka? Bo ubierała mnie Marta Chomentowska, malowała mnie Ewa Gil i czesała Karina Wacławik. Za wspaniałymi zdjęciami stoi Krzysiek Opaliński, a grafikę zawdzięczam Tomaszowi Sadurskiemu. Dziękuję!

Teraz czas na Urbaniaków. Michał, tak dużo mu zawdzięczam, że trudno mi znaleźć odpowiednie słowa. Wylałam niejedną łzę przez niego, ale teraz jesteśmy jak brat i siostra, i tak już zostanie. Dzięki wielkie, Michałku, kiedy patrzę na naszą Mikę i Kasię, to wszystko Ci wybaczam.

Moja młodsza córka Mika daje mi dużo powodów do dumy.
Jest słońcem w moim życiu i sama zdecydowała, że będzie śpiewać,
a robi to pięknie. Wzruszam się, gdy słyszę jej głos, bo on koi i leczy.

Kasia, moja starsza córka, pomagała mi w tym moim pisaniu
od samego początku i to ona wymyśliła, jak ma wyglądać ta
książka. Kasieńko, kiedy pisałam i czytałam Ci poszczególne
akapity, czułam, że jestem bezpieczna, bo mi świetnie doradzisz,
a Twoja wiara w moje pisanie dodała mi skrzydeł. Tak, tak, masz
rację! Przymierzam się już do napisania następnej, następnej...

Pięknie dziękuję też naszej rodzimej marce kosmetycznej Perfecta,
jej słynne hasło „Łączy nas piękno" mówi samo za siebie.

Wyśpiewam Wam Wszystko

Playlista „Newborn Light"
Ameryka

Playlista „Papaya"
Reszta świata

Index osób

WYŚPIEWAM WAM WSZYSTKO

Urszula
DUDZIAK

Książka dostępna także jako audiobook.
Fascynujące historie czyta sama autorka!
Książka dostępna na płycie CD oraz w serwisie audioteka.pl

audioteka.pl

Wpisz kod: MEDXZ89233J i pobierz audiobook „Wyśpiewam Wam Wszystko" z 10% zniżką.